信阳师范大学商学院

U0498726

农户创业对中国农村家庭
收入流动的影响研究

余春苗 ◎ 著

中国财经出版传媒集团
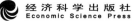
经济科学出版社
Economic Science Press
·北 京·

图书在版编目（CIP）数据

农户创业对中国农村家庭收入流动的影响研究／余
春苗著 . --北京：经济科学出版社，2024.9. --ISBN
978－7－5218－6124－2

Ⅰ. F323.8

中国国家版本馆 CIP 数据核字第 20248BK844 号

责任编辑：顾瑞兰
责任校对：孙　晨
责任印制：邱　天

农户创业对中国农村家庭收入流动的影响研究

余春苗　著

经济科学出版社出版、发行　新华书店经销

社址：北京市海淀区阜成路甲 28 号　邮编：100142

总编部电话：010-88191217　发行部电话：010-88191522

网址：www. esp. com. cn

电子邮箱：esp@ esp. com. cn

天猫网店：经济科学出版社旗舰店

网址：http://jjkxcbs. tmall. com

固安华明印业有限公司印装

710×1000　16 开　13.75 印张　200000 字

2024 年 9 月第 1 版　2024 年 9 月第 1 次印刷

ISBN 978－7－5218－6124－2　定价：59.00 元

（图书出现印装问题，本社负责调换。电话：010－88191545）

（版权所有　侵权必究　打击盗版　举报热线：010－88191661

QQ：2242791300　营销中心电话：010－88191537

电子邮箱：dbts@ esp. com. cn）

总　序

　　商学院作为我校 2016 年成立的院系，已经表现出了良好的发展潜力和势头，令人欣慰、令人振奋。学院办学定位准确，发展思路清晰，尤其在教学科研和学科建设上成效显著，此次在郑云院长的倡导下，拟特别资助出版《信阳师范学院商学院学术文库》，值得庆贺，值得期待！

　　商学院始于我校 1993 年建设的经济管理学科。从最初的经济系到 2001 年的经济管理学院、2012 年的经济与工商管理学院，发展为 2016 年组建的商学院，筚路蓝缕、栉风沐雨，凝结着教职员工的心血与汗水，昭示着商学院瑰丽的明天和灿烂的未来。商学院目前拥有河南省教育厅人文社科重点研究基地——大别山区经济社会发展研究中心、理论经济学一级学科硕士学位授权点、工商管理一级学科硕士学位授权点、理论经济学河南省重点学科、应用经济学河南省重点学科、理论经济学校级博士点培育学科、经济学河南省特色专业、会计学河南省专业综合改革试点等众多科研平台与教学质量工程，教学质量过硬，科研实力厚实，学科特色鲜明，培养出了一批适应社会发展需要的优秀人才。

　　美国是世界近现代商科高等教育的发祥地，宾夕法尼亚大学于 1881 年创建的沃顿商学院是世界上第一所商学院。我国复旦公学创立后在 1917 年开设了商科。改革开放后，我国大学的商学院如雨后春笋般成立，取得了可喜的研究成果，但与国外相比，还存在明显不足。我校商学院无论是与国外大学还是与国内大学相比，都是"小学生"，还处于起步发展阶段。《信阳师范学院商学院学术文库》是起点，是开始，前方有更长的路需要我们一起走过，未来有更多的目标需要我们一道实现。希望商学院因势而谋、应势而动、顺势而为，进一步牢固树立"学术兴院、科研强院"的奋斗目标，走内涵式发展之路，形成一系列有影响力的研究成果，在省内高校起带头示范作用；进一步推出学术精品、打造学术团队、凝练学术方向、培育学术特色、发挥学术优势，尤其是培养一批仍处于"成长期"的中青年学术骨干，持续提升学院发展后劲并更好地服务地方社会，为我校实现高质量、内涵式、跨越式发展，建设更加开放、充满活力、勇于创新的高水平师范大学的宏伟蓝图贡献力量！

"吾心信其可行，则移山填海之难，终有成功之日；吾心信其不可行，则反掌折枝之易，亦无收效之期也。"习近平总书记指出，创新之道，唯在得人。得人之要，必广其途以储之。我们希望商学院加快形成有利于人才成长的培养机制、有利于人尽其才的使用机制、有利于竞相成长各展其能的激励机制、有利于各类人才脱颖而出的竞争机制，培植好人才成长的沃土，让人才根系更加发达，一茬接一茬茁壮成长。《信阳师范学院商学院学术文库》是一个美好的开始，更多人才加入其中，必将根深叶茂、硕果累累！

让我们共同期待！

前　言

　　改革开放以来，农民职业分化和收入分化愈加明显。职业分化下，创业成为助力脱贫攻坚和乡村振兴的新力量，是农村经济活力的源泉和促进就业的加速器。收入分化下，尽管农村家庭收入结构发生了变化，但经营性收入依然在收入构成中占第二主导地位。经营性收入对农村家庭收入变化和农村内部收入分配均具有一定的影响。创业是农户经营活动的重要形式，是农村家庭创收的重要源泉。提高收入水平和改善收入分配，是农村居民迈向共同富裕过程中的两大关键问题。农村收入分配呈现收入差距扩大和收入极化程度上升的状况，收入两极分化和社会阶层固化问题显现，收入流动的增强或弱化与农村家庭福利和社会福利直接相关。已有研究通过分析农户创业的经济外溢效应，如就业拉动或贫困减缓等，以评价创业活动的经济和社会影响。但是，创业对农村家庭收入以及农村内部收入分配的影响研究尚比较少。收入流动侧重于从动态角度关注家庭收入水平和收入分配结构演化问题，相较于静态结果更加具有经济意义和社会价值。本书从经济学和社会学的双重分析路径出发，同时考虑社会分层不断明显的现实下，不同阶层经济主体的经济活动会产生差异化的经济和社会影响，在分层视角下研究农户创业活动对农村家庭收入流动的社会福利影响和经济福利效应。

　　社会福利影响分析表明：农村家庭的总体收入流动程度和收入流动质量均呈降低之势，但创业家庭和非创业家庭呈现出明显不同的收入流动特征。创业家庭的收入流动程度普遍高于非创业家庭，但其收入流动质量却低于非创业家庭。这一分析结果的现实意义在于，提高农村创业家庭占比有助于提升农村内部经济活力和整体收入流动程度，并增加经济机会的均等性。然而，农户创业活动总体上失败率较高、持续性差，在拉动农村家庭，尤其是低收入阶层家庭的收入向上流动上并未显示优势作用，从而对农村内部收入分配的长期改善并未发挥正向效应。

经济福利效应分析表明：从绝对收入流动上看，农户创业活动确实加剧了农村家庭收入流动程度，产生了更明显的收入流动效应。但是，创业活动并未改善家庭收入流动质量，且并未给创业家庭带来相较于打工就业活动的收入增长溢价效应。这一分析结果的现实意义在于，在控制个体特征、家庭特征和其他外部环境特征的前提下，从以家庭收入流动为表现的劳动力资源配置结果来看，选择以创业为主的劳动力资源配置方式相较于以打工就业为主的劳动力资源配置方式并未展现出明显优势。

农户创业提高了农村家庭收入流动程度，但并未改善收入流动质量。相较于在数量上提高创业比率，在质量上提升创业活动的政策导向显得更有必要。既然在控制个体特征、家庭特征和外部环境特征的情况下，农户尤其是低收入农户从事创业活动，并不必然带来比打工就业更具优势的收入流动表现，那么相较于非市场化导向的普遍性创业政策帮扶或补贴，政府为劳动力资源的市场化配置创造有利条件，以高质量创业带动收入流动质量的提升则更为关键。为此，针对农户创业未能有效提升收入流动质量的现实原因，政府应该减少对农户创业活动的干预，以稳定创业者的预期；深化农村产权制度改革，促进农村资产的资本化；充分发挥市场在资源配置中的决定性作用，形成全国统一劳动力市场；改善县域创业环境，吸引和培育高水平人力资本。

目 录

第一章 导 论

———— 第一节 问题提出 ————

开始于20世纪70年代末期的一系列农村经济改革，赋予了农民自由支配和配置自身拥有的土地、劳动、资本等各种生产要素的权利。劳动力要素比较利益的巨大差异，促使大批农民进行了劳动力转移，这一转移在行业上表现为逐步向非农产业转移、在地域上逐步向城镇转移。劳动力的迁移流动使得劳动力市场完全分割的状态得到很大的改善。在劳动力转移的过程中，农民的职业结构和收入结构产生了越来越明显的差异。在职业分化上，农民的职业选择空间增大，家庭经济活动构成不断多样化；在收入分化上，农民的收入来源逐渐多元化，形成了以工资性收入为主、经营性收入为辅的收入结构。在职业选择和职业分化进程中，除了工资性活动，创业成为许多农户的创收活动首选。根据农业农村部的统计信息，2019年在乡创新创业人员超过3150万人，返乡入乡创新创业人员达850万人，2020年全国返乡入乡创业创新人员达1010万人左右，比2019年增长了160万人，增长18.8%，首次突破1000万人①。农户创业一方面有利于推进农业

---

① 农业农村部发展规划司。

1

的规模经营和现代农业的转型发展，另一方面拉动当地就业，实现家庭收入来源多元化和收入增长。此外，农民返乡创业还通过促进经济活动空间集聚、拉动劳动力就近就业、助推农业生产理念技术创新和优化县域产业结构而拉动县域经济增长（黄祖辉等，2022）。因此，就宏观经济发展而言，创业比例越高，经济发展的内在动力越强，从而越有利于经济增长和收入提升。

增加农民收入是"三农"问题的核心，除了提高收入水平，改善收入分配也是农村居民迈向共同富裕过程中的关键问题。改革开放以来，我国居民收入不断增长和收入差距不断扩大的局面共存。就农村居民收入而言，国家统计局发布的数据显示，2010年农村居民人均纯收入基尼系数为0.3783；杜鑫（2021）使用2020年中国社会科学院农村发展研究所"中国乡村振兴调查（CRRS）数据库"计算的2019年农村居民收入基尼系数为0.4591，相较于2010年，收入差距有了明显的扩大。收入流动侧重于从动态角度关注收入分配结构演化问题，相比于仅关注静态的收入分配情况，更加具有经济意义和社会价值。

创业是农村家庭经济活动的一种重要形式，评价创业活动对农村家庭产生的影响一直是"三农"问题研究的重要议题。对创业影响评价的已有研究集中于区域性的减贫增收，着重从创业的经济外溢效应评估创业的影响。然而，关于创业活动对农村创业家庭自身影响的讨论尚显不足。收入流动具有同时反映整体收入分配情况和个体收入变化的特征，兼顾社会福利效应和经济福利效应，是评估农户创业福利效应的一个良好指标。从社会福利方面来看，当下我国农村内部整体收入流动呈现怎样的变化？农户创业会给农村内部收入流动的变化带来什么样的影响？创业活动是否通过影响农村家庭收入流动而对农村内部收入分配产生影响？从个体经济福利方面来看，农户创业如何影响创业家庭的收入流动程度和收入流动质量？农户创业相对于打工就业是否具有明显的收入溢价，以拉动创业农户家庭收入的增长和家庭收入阶层的上升？创业能否成为低收入农户跻身更高收入阶层的有力通道，拉动家庭收入向上流动？影响农户创业收入流动效应的现实因素有哪些？这些都是脱贫攻坚战略向乡村振兴战略过渡中关乎农民增收的重要问题。

在劳动力要素市场化、职业选择自由化、收入来源多元化的逻辑下，经济活动的多样化伴随着社会结构的不断复杂化，职业分化和收入分化的不断深化造成了明显的社会分层。社会分层越明显，收入流动问题就越重要。在阶层化趋势日益显著的现实下，不同阶层经济主体的经济活动产生的经济和社会影响也可能存在明显不同。因此，在劳动力资源配置过程中，对处于不同阶层的农户创业活动带来的经济和社会福利影响，应当分层看待并研究。

第二节 研究目的与研究意义

一、研究目的

本书致力于研究农户创业活动对农村家庭收入流动的影响。一方面，通过分析农户创业活动对农村整体收入流动的贡献，认识农户创业对农村收入分配的影响，并评价农户创业的社会福利效应。另一方面，通过分析农户创业对创业家庭收入增长和收入阶层变动的影响，判断农户创业对农村家庭收入流动的影响，并评价农户创业的个体经济福利效应。本书从宏观和微观两个层次，为农村创业活动是否真正提高并改善了农村家庭福利状况提供了参考和依据。首先，使用家庭调查数据测度了农村家庭收入流动整体情况，并对创业家庭和非创业家庭的收入流动特征进行了差异化分析。通过收入流动和收入分配之间的关系，展示了创业对农村整体收入流动的贡献以及对农村内部收入分配的影响。其次，使用家庭调查数据实证分析农户创业对农村家庭收入流动的影响，从三个方面评估创业活动给农村创业家庭带来的收入流动效应：一是从绝对收入流动角度评价创业对农村家庭收入增长率的影响；二是从相对收入流动角度评价创业对农村家庭所处的收入阶层变动的影响；三是基于创业活动动态变化的事实，研究不同的创业转变状态（持续创业、从未创业、进入创业或退出创业）对家庭收入流动的影响。最后，对农户创业活动为农村家庭带来的收入流动特征进行现实层面的原因探讨，从而为优化农村劳动力资源配置提供针对性的政策建议。

二、研究意义

（一）理论意义

第一，从收入流动的角度分析农户创业的影响，是对农户创业效应评价研究的一个重要补充。在收入分层的视角下，研究创业活动对农村家庭收入流动特征的影响，不仅从经济学角度考察创业的经济效益，还从社会学角度探究创业在阶层塑造和流动方面的社会影响。这既是对仅从经济角度研究创业的减贫增收效应的补充，也为当下贫富两极分化和社会阶层固化问题的讨论提供了一个新的角度。

第二，对农村居民收入流动的研究能够更加深入和全面认识我国农村收入分配状况。虽然农村收入分配问题一直以来在政策和学术上得到了众多的讨论，但是已有研究主要局限于以截面数据为主的静态分析研究。这些研究通常局限于研究农村社会整体分配状况的变化，从而无法反映个体在收入变迁中所经历的变化。不同个体的收入水平是有区别的，而且个体的收入增长率以及在一定期间的变化率也有所差异。收入流动性描述的是收入分配的动态演变过程，通过对固定样本的追踪调查，从纵向维度上进一步丰富了对农村收入分配的理解和认识。

第三，创业对收入流动的影响是对"职业选择—收入分配"理论框架的一个重要应用。在不完全资本市场下，农户选择自我雇佣式创业活动还是选择为他人打工的工资性活动，主要取决于其初始的收入或财富状况。在选择创业活动后，创业的相对高风险对收入造成不确定性影响，农户可能会在初始所处收入阶层的基础上因为创业成功而跻身更高的收入阶层，也可能会因为创业失败而在初始收入阶层基础上落入更低的收入阶层。收入流动与收入分配是紧密相关的，研究创业对家庭收入流动程度及其方向的影响，将"职业选择—收入分配"框架进一步丰富和拓展为"职业选择—收入流动—收入分配"框架，这是对现有理论的应用和提升。

（二）现实意义

第一，对收入流动的研究，使得人们对收入分配问题的关注从静态收入不平等转移到动态收入分配状况，为我国收入分配政策制定提供了更为宽广的思路。政府改善收入分配政策的设计大都着眼于缩小静态的收入差距，较少从跨期或经济主体生命周期的长远角度作考虑。收入流动既体现经济增长的效率，又反映社会机会的公平程度，收入流动的程度和方向更能代表社会福利的提高或降低。因此，研究收入流动更能为以提高社会福利为导向的收入分配政策的制定和实施提供现实依据。

第二，从收入流动角度评价农户创业的绩效和影响，更能体现农户创业活动对农村家庭产生的长期增收效应。已有对农户创业的绩效评价研究大都集中于减贫效应，且使用截面数据。然而，由于收入流动的分析需要跨期且追踪的家庭收入数据。在初期创业选择和收入水平已知的前提下，使用跨期追踪数据能够更加干净地识别出创业对于收入增长和收入阶层提升的作用。评价农户创业对农村家庭收入流动产生的影响，能够为在脱贫攻坚向乡村振兴过渡下的农村创业政策转变提供政策启示。

第三，研究创业与收入流动之间的关系能够将职业流动、收入流动和社会流动联系在一起，更加深刻地认识农村社会阶层固化现象。职业流动、收入流动和社会流动虽然不能完全相互代替，但是三者是紧密联系的。经济主体选择创业或工资性活动的就业方式直接影响着收入水平的高低，由职业决定的身份地位和受职业影响的收入水平共同塑造了经济主体所处的社会地位。在劳动力自由流动的市场经济体制下，收入一般也随着就业方式的改变而变动，进而社会阶层也随之流动。已有研究大多从社会学角度出发，集中讨论制度变迁如何塑造中国农村社会流动和社会分层，且使用的大多是 1990～2010 年的数据。本书使用 2010～2018 年的农村家户追踪数据，是一个重要补充。另外，本书对创业的进入或退出情况的分析，一定程度上反映了农户就业方式改变或职业流动情况。通过对创业和非创业农户收入流动的对比分析，本书反映了与就业方式相关的收入流动状况。研究二者之间的关系，可以更加清晰地剖析当下农村社会阶层固化现象。

第三节 概念界定与数据来源

一、概念界定

（一）农户创业

1. 农户创业的概念界定

农户创业的特殊性在于传统农户本身就是一种以农业经营为主的自就业群体，因此如何界定"农户创业"一直存有争议。对"农户创业"进行清晰的概念界定需要从明确"农户"和"创业"这两个概念出发。农户是指以家庭契约关系为基础的经济组织，是一种经营和家庭合一的经济单位（李培林，1994；尤小文，1999），它以家庭为基本决策单位。传统农户的界定一般是指主要从事农业生产活动的经济组织，而现代农户则与城市居民相对应。在界定农户时，相比职业上的划分，区域上的划分更多地被使用。界定城乡是界定农户的前提。通常情况下，可以从居住地、经济活动和户籍所在地三种属性来进行城乡界定。但改革开放以来，农村劳动力大规模向城镇或城市转移，农户在城市落户定居的情况越来越多，各种形式的兼业农户不断涌现。非农业经营不断扩大且非农经营收入开始成为农村家庭收入的主要构成部分，以居住地、农业生产活动或户籍所在地界定的城乡边界愈加模糊，难以形成研究共识。为了与本书使用的调查数据界定一致，本书使用国家统计局农村、城镇住户调查的定义，将行政区域划分为乡村区域的调查家庭称为"农户"。与强调家庭成员间直系亲缘的社会学关系的"家庭（family）"相比，"户（household）"更强调家庭成员间的经济关系，其界定范围一般比"家庭"大。但是为了与研究使用的调查数据口径一致，本书对"农户"和"农村家庭"不作特别区分。

创业是一种现象，也是一种过程。国外研究中创业的概念与企业家精神（entrepreneurship）高度相关，将创业界定为一种创办企业组织的行为，或者是一种以企业组织为依托的各种新产品和新服务的创建过程（熊彼特，1934），而这一过程通常与创业主体所面临的独特机会和特质能力（Knight，1921）紧密相关。国内学者倾向于在更广泛的基础上定义创业，认为创业是创业者对自己拥有的资源或通过努力对能够拥有的资源进行优化整合，从而创造出更大的经济或社会价值的过程（郁义鸿，2000）。从这个意义上看，农户将其拥有的土地、劳动力等生产要素进行资源整合，以满足自身消费需求并创造利润的过程便可以看作是创业。也就是说，创业不一定都是开办新的组织或者开创新的事业，在改进原有经济活动的基础上实现了新价值的经济活动也属于创业（郭军盈，2006）。根据城市居民的创业特性，有些学者认为农户的非农经营活动才能界定为创业，但是与城市居民明显不同的是，农户本身就是一种自我就业（self-employment）群体。与受雇于人获取工资的活动相对应，农户作为自就业主体可以对创造的利润具有完全的剩余控制权。当然，作为自就业主体，农户可以选择只自我雇佣，也可以在自我雇佣的同时雇用他人，此时的创业农户在很大程度上拥有了私营企业主在经营企业活动中所体现出来的企业家精神。由于受到身份、制度及其他因素的限制，农户创业的创业特征和一般性创业明显不同（朱明芬，2010）。农户创业不一定要创建新的组织形式，依赖于家庭这种非企业化组织形式的居多；农业经营领域的创业不一定要开展全新的事业，扩大生产规模、调整生产结构和改变生产经营方式都可视为创业；农户创业方式多样，可以是个体创业，也可以是家庭成员共同创业，还可以是集体创业（例如，创办集体企业、发展合作经济、参加农民专业合作社等）。

本书将农户创业定义为农村家庭将其拥有的土地、资本或劳动力通过非企业组织或成立企业组织的形式进行资源整合，以满足自身消费需求并创造利润的过程。虽然农户创业方式可能是家庭成员共同创业也可能是个体创业，但作为一种市场经济活动的参与行为，创业需要整个家庭共同参与决策，对全部家庭成员均会产生较大影响。即使是个体创业方式下，创业产生的收益一般也都是由家庭成员共享的。因此，对创业的研究更适用于建立在以户或家庭为单位的基础上，本书对农户创业和农村家庭创业也不作特别区分。

2. 农户创业、农村创业和农民创业

"农户创业""农村创业"和"农民创业"因各自研究关注点不同，因此并不能被视为完全等同的概念。国外学者通常采用"农村创业"概念，将其视为在农村地区建立新的企业或产业，并依托其在农村经济中开展创业活动的行为。比如，沃特曼（Wortman，1990）最早将"农村创业"定义为"在农村环境中，通过引入新产品、服务或创造新市场，或利用新技术而创造的新组织"。科尔斯加尔等（Korsgaard et al.，2015）认为，"农村创业"的概念界定不仅局限于农村与创业之间的空间情境联系，更在于创业活动如何利用农村资源的环境嵌入关系。"农村创业"将农村作为活动空间，利用农村固有的（自然、文化、历史、人力、社会和/或金融）资源来支持其创业活动的发展，从而在空间和经济利益上与农村建立不可分割的关系。将企业建立在农村，但是没有使用当地资源或为当地居民提供产品或服务，与农村地区没有经济联系的创业活动不能视为农村创业（Korsgaard，Müller & Tanvig，2015）。在这种概念界定意义上，如果农户选择在农村区域进行创业活动，且通过利用当地的自然、人文或社会资源来创造利润并为当地农村居民提供福利，则"农户创业"是农村创业的一部分。现实中，许多农户虽然拥有农村户口，却选择在城镇创业，或者在农村区域进行非农创业，这种情况下，"农户创业"和"农村创业"在概念上有很多不重合的部分。

国内学者则更多地使用"农民创业"概念，将关注度集中在农村创业者的主观能动性与动态能力上。朱明芬（2010）将"农民创业"定义为农民依托家庭、社会关系形成的非正式组织或者创建新的组织，通过投入生产资本和扩大生产规模从事的新生产或新事业，以实现财富增加并谋求发展的过程。朱红根（2013）则更直接地将"农民创业"视为农民通过从事各种类型产业以及创办合作组织或协会以实现获得财富的经济活动。"农民创业"和"农户创业"的区别主要在于如何界定"农民"和"农户"，随着农民身份不断多样化，以"长时期从事农业生产的人"为定义的"农民"的职业化概念逐渐狭隘，当以农村居民这一地域化概念作为更广泛的"农民"定义时，本书中的"农户创业"和"农民创业"在很大程度上是相似的。

（二）农村家庭收入

家庭是由人与人之间的血缘关系界定的社会组织。就农村家庭而言，经济关系和血缘关系是紧密联系的，特别是以家庭为生产经营单位时。本书界定的农村家庭与农户是同一概念，在英文上可表述为"household"。与城市家庭不同，农村家庭收入往往不是以家庭成员个人的职业收入为单位计算，而是以家庭为主要计算单位，因此，农村家庭收入一般也可用"农村收入"和"农村居民收入"来代替，本书将三者视为可以相互替代的概念。后文在分析收入流动时，使用的是农村家庭人均收入，人均收入由农村家庭纯收入按家庭成员数量平均计算而来。家庭纯收入是指扣除农业生产成本后的收入，由五个部分收入加总而来，即工资性收入、经营性纯收入（农业生产收入和非农经营收入）、财产性收入、转移性收入和其他收入。家庭成员是指在家庭这一独立经济体内存在经济依存关系且与家庭有血缘、婚姻或领养关系的所有成员。

（三）分层

分层是指在当下社会阶层化不断加剧的事实背景下，从不同阶层主体经济活动带来的差异化经济和社会影响出发，研究农户创业活动对农村家庭收入流动的影响。分层（stratification）是一个社会学概念，《国际社会学百科全书》中的定义是"社会分层指一个社会分成了一定数量的阶层和按等级排列的群体"。分层一般有地位/垂直（如职业、收入）和功能/水平（如民族、性别）两种划分标准。与分层相关但不同的另一个社会学概念是分化（differentiation），分化的定义是"在增长或发展过程中产生或形成差异"。社会分化所蕴含的差异包含了等级和级别的不同，因此包含了社会分层。在严格意义区分下，分化是定类测量，而分层则至少是定序测量。一般来说，分化指的是结构意义上的差异，而分层则指的是水平高低产生的等级上的差异，分化是分层的基础，分层则是流动的基础。社会分层必须通过某一确定的划分标准来进行界定和量化，本书使用收入分层的划分标准。收入分层是社会地位/垂直分层的维度之一，指按收入等级对社会结构层次进行划分，是市场化资源配置环境中社会阶层划分的核心维度。收入分层与收入不平等既有区别又有联系。二者的区别在于，收入分层是按收入水平高低进行排序，并根据相应临界值对收入群体进行内部分类，一般不附带价值评价标准；而收入不平等则是指整个人口的收入分配不均，是对收入整体分布情况的评价。二者的联系在于，收入不平等情况越严重，收入分层就表现得越明显。

（四）收入流动

1. 收入流动的多维度内涵

流动（mobility）是个人或群体在一种等级或分级体系内发生的流动，具体可指职业、社会地位或经济状况随时间发生的动态变化，依次对应于职业流动（occupational mobility）、社会流动（social mobility）和经济流动（economic mobility）。早期研究主要关注存量变量的流动性，如职业、财富、资产等，后来扩展到流量变量，如收入（income）或收益（earnings）等变量。为和国外文献保持一致，本书将经济流动、收入流动和收益流动视为等同表达。收入流动经常被用于衡量社会阶层固化、收入机会平等以及职业变动灵活性。在具体内容上，收入流动分为代际收入流动和代内收入流动，其中代际收入流动关注的是子辈收入与父辈收入的相关性和依赖程度，而代内收入流动则关注的是经济个体从一个阶段到生命周期的另一个阶段之间收入变化的相关性。本书关注的是代内收入流动。

在收入分配领域，关于收入流动讨论相对于年度、群体及区域间收入不平等讨论较少的一个重要原因是，收入流动具有多维度内涵，而且关于流动性的已有文献也鲜少对其进行统一的分析论述和概念界定，不同的研究集中在其多维内涵的某个特定方面。詹妮蒂和詹金斯（Jantti & Jenkins，2015）对流动性的多重维度进行了详细的阐述和解释，并从社会福利角度对各个维度的收入流动进行了评价。收入流动的第一个内涵是指收入的位置变动，这种变动是通过识别个人收入地位的变动而非收入大小本身来实现的。均衡的收入增长或平等的绝对收入增加都会提高收入，但在位置意义上，它们并不导致变动。只有收入变化改变了个人相对于其他人的位置时，才会产生位置上的流动性。这个维度上的收入流动是已有研究中最频繁使用的概念，与收入流动的相对主义测度相对应。收入流动的第二个内涵是收入增长，是指个体在两个时间点之间经历的收入变化（可能是收益或损失）的总和。在这一概念下，即使个体在两期之间的相对位置保持不变，但只要收入有增长或减少，都可算作收入流动。因此，收入流动的衡量可直接用两期之间收入增加或减少的幅度来表示，增加或减少的幅度越大，流动性便越大。这一概念与收入流动的绝对主义测度相对应。收入流动的第三个内涵是它对长期收入不平等的影响。个体的长期收入被定义为个体每个时期收入的纵向平均值。以纵向平均收入衡量的个体之间的收入不平等，将小于个体在任何单一时期收入上的分散程度。因此，流动性的内涵在于长期收入的不平等程度小于特定时期收入边缘分布的不平等程度。流动性存在的意义在于它平均了暂时性收入变动，使得长期收入不平等低于人们观察或感受到的不平等。收入流动的第四个内涵是收入风险。个体特定时期的收入可以分解为两部分：一部分是"永久性"收入组成，是特定时期内长期收入的平均数；另一部分是"暂时性"收入组成，是特定时期内收入与平均数的偏差。暂时性组成部分代表了对收入的意外特质性冲击，其分散程度越大，个体的收入风险就越大。这时，第三个流动性内涵中定义的与收入长期纵向平均数相关的不平等影响就可被重新解释为收入风险。

收入流动则是指收入随时间发生的不可预测的非定向变化。

2. 收入流动的概念界定

本书将收入流动定义为经济个体在经历一段时间之后在收入水平、收入份额或收入阶层上产生的绝对或相对于他人的变动。具体的收入流动概念界定与其使用的量化方式高度相关，本书在评价农户创业的社会福利效应时，使用家庭收入阶层变动来量化收入流动，具体指家庭收入所属的收入阶层或收入等级在特定时间段内发生的相对位置变动。评价农户创业的经济福利效应时，因为更关注经济活动所产生的效率而非公平，所以使用家庭收入阶层变动和收入水平变动来衡量收入流动。其中，家庭收入水平变动具体指家庭收入在特定时间段内经历的收入增长（下降）的总和。一般从收入流动程度、收入流动方向和收入流动质量三个方面对收入流动特征进行分析，其中收入流动程度是指按相应指标衡量的收入流动性的大小，指标绝对值越大，则收入流动性越强；收入流动方向是指收入水平相较前期是上升还是下降，或者收入等级相较前期是提高还是降低，分别对应收入向上流动和向下流动；收入流动质量是指各阶层向上流动可能性和向下流动可能性对比呈现出的整体收入流动状态，当低收入群体向上流动的概率大于高收入群体向下流动的概率时，视为高收入流动质量，如果低收入群体向上流动的概率小于高收入群体向下流动的概率，则为低收入流动质量。

二、数据来源

（一）数据选取

研究收入流动需要严谨且详尽的家庭或个人收入及其构成数据，为了观测经济个体代内收入等级的变化，需要至少两期的面板数据。鉴于短期内收入面临的暂时性冲击比较明显，需要较长期间的多期面板数据才能体现收入在阶层间的有效变动。国内外研究收入流动的微观数据来源一般分为三类：第一类是旨在获得整个人口群体或以特定群体为代表性样本的经济活动特征的动态观察数据，这类数据又可细分为每次调查对象不尽相同的纵贯调查和每次调查同一对象的追踪调查；第二类是针对特别群体的调查数据，如国外研究中有针对空军志愿者、科学家、化学家等特定群体的调查数据，国内有专门针对青年群体的调查；第三类数据来源是社会保障或所得税记录等行政机构内部数据。在这三类数据来源中，使用最为广泛的是第一类。国内以家庭为单位进行的机构调查数据就属于这一类。总结国内对农村收入流动的已有研究，使用数据主要有中国健康营养调查数据（CHNS）、中国居民收入分配数据（CHIP）和农业农村部农村固定观察点数据。这些数据中，CHNS的初始调查只覆盖了中国九个省份，虽然后期增加了若干城市和省份，但若做全国总体性研究，其样本代表性仍然有限；CHIP数据覆盖面广，但调查年份仅截至2013年，且通过被访问者回忆的方式而非连续调查收集相邻若干年的收入数据，数据质量容易受到质疑；而农业部农村固定点观察数据覆盖面广、样本量大且追踪时间长，但数据获取难度大。本书研究使用的微观数据为中国家庭追踪调查（CFPS）数据。

（二）数据说明

中国家庭追踪调查（CFPS）是一项全国性、综合性的社会追踪调查项目，该数据样本量大（基线调查中共访问14960户家庭，界定出需要长期追踪的基因成员①共57155人）、覆盖范围广（覆盖除港澳台地区以及新疆、西藏、青海、内蒙古、宁夏和海南之外的25个

---

① 中国家庭追踪调查数据将基线调查（2010年调查）中的家庭成员以及他们今后的新生血缘/领养子女视为基因成员，所有基因成员均为中国家庭追踪调查数据永久追踪的对象（谢宇等，2017）。

省区市的家庭户和样本家庭户中的所有家庭成员）、代表性强（代表中国95%的人口），且具有多样化（社区、家庭、个人）、多维度（宏观、中观、微观数据）的特点。最重要的是，该数据是多期的样本追踪调查数据，每隔两年执行一次，自2010年至今已执行了七次调查，分别是2010年、2012年、2014年、2016年、2018年、2020年和2022年。鉴于追踪期越长，追踪样本流失比例越大，为保证充足的样本量，本书使用的是2010～2018年期间的数据集。中国家庭追踪调查数据通过对同一人群（同一样本）在不同时点上的重复观察，可以掌握不同个体在不同时间的状况，从而帮助研究者更好地判断随时间发展的因果关系以及推断总体的变化趋势。这对于总体异质性、因果推论以及状态变化等一些社会科学领域的重要研究课题有着非常重要的价值（谢宇等，2017）。除了主要使用的微观调查数据，作为背景分析，本书还使用了一些机构发布的宏观统计数据，数据主要来源于历年的《中国统计年鉴》和《中国农村统计年鉴》。

（三）数据抽样方式

中国家庭追踪调查数据抽样采用了内隐分层的多阶段、多层次、与人口规模成比例的概率抽样方式（PPS）。抽样以行政区划和社会经济水平（地方人均GDP、非农人口比例或人口密度）作为主要的分层变量，每个子样本都通过三个阶段抽取得到。第一阶段样本为行政性区/县，第二阶段样本为行政性村/居委会，第三阶段（末端）样本为家庭户，前两个阶段的抽样使用官方的行政区划资料，第三阶段则使用地图地址法构建末端抽样框，并采用随机起点的循环等距抽样方式抽取样本家户。基于中国快速城镇化的事实与现有官方对城乡划分可能存在较大不一致，在城乡抽样的设计中，并未采用将农村与城市分开抽样的传统方式，而是将中国社会作为一个整体进行抽样（谢宇等，2017）。数据使用者可以使用社区层面、家庭层面和个人层面的信息来判定样本的农村/城市属性，而不单纯依赖于行政区划。2010年，中国家庭追踪调查数据基线调查共有 9752 户农村家庭，占家户总样本的 65.9%，在具有全国代表性的再抽样样本中，农村家庭有 6262 户，占再抽样家户样本的 64.8%。

（四）样本流失情况及其处理

多期追踪调查中面临的一个重要问题就是样本的流失，这一问题产生的原因主要有拒访、死亡、人口流动或搬迁以致无法联系等。中国家庭追踪调查数据基线调查个人层面调查执行率中完成率整体达到 80% 以上，除去其他不符合访问的原因，拒访率不足 10%。对于每期必须追踪的基因成员及其家庭，除因死亡自然退出外，调查机构采取了一系列样本维护措施。对于难以实现实地面访的外出人员、搬迁家庭或另组家庭，一方面引入计算机辅助电访模式作为面访调查方式的补充；另一方面引入代答—自答相结合的数据收集模式，同时还采取春节期间补访的方式，最大程度减少样本流失率（谢宇等，2017）。

—————— **第四节　文献综述** ——————

与本书研究相关的文献可以总结为两方面，一方面是收入流动影响因素的相关研究，另一方面是创业影响评价的相关研究。本节对相关文献进行了全面综述，并作了总结性述评。

一、收入流动的相关研究

钱珀瑙恩（Champernowne，1953）在收入分配模型中以分析收入在不同时间段变化的方式体现了收入流动的思想，而最先提出收入流动性想法的是经济学家弗里德曼。弗里德曼（Friedmann，1956）提出的持久收入假说认为，为了实现生命周期中的消费平滑，理性的消费者会根据终生所得而不是暂时性收入安排支出，只有整个生命周期中的收入减少或增加才会影响其福利。弗里德曼（1962）明确指出，如果两个社会的收入分布相同，且具有较大的边缘分布协方差变化的社会收入流动性更大，从而获得收入的机会更平等，人们更倾向于选择这个社会。因此，正确评价收入差距程度需要考虑收入流动及其影响因素。但当时的数据收集体系难以满足多年且固定观察样本的收入信息要求，一直到 20 世纪 90 年代以后，关于收入流动的研究才开始增加，且绝大多数是对发达国家收入流动性的分析。鉴于对收入流动的研究既依赖于长期追踪的固定观察样本数据，又对数据周期和质量的要求较高，因此难以满足数据信息要求导致国内对收入流动的研究起步相比于国外更晚。以往对收入分配或收入差距的微观研究大多使用的是小样本量的截面数据，这类研究一方面缺乏动态指标，难以反映因生命周期等原因带来的持久收入差异；另一方面，不同年份采用不同的样本集，难以进行趋势比较。随着追踪式面板数据的可获得性不断提高，关于收入流动的研究逐渐有了突破与新进展。

（一）收入流动的影响因素

探索收入流动特征的影响因素，并识别到底哪些因素促进或阻碍了收入向上流动，这具有重大的福利意义。已有文献主要强调了人口结构因素方面的作用，如个人的年龄和性别，以及家庭的规模和人口结构（Shi et al.，2010）。在更具体的经济因素方面，人们一直在关注收入来源的演变，特别是物质和人力资本禀赋、劳动力市场条件和职位以及初始收入水平对收入流动的塑造作用（Woolard & Klasen，2005）。虽然收入流动主要受家庭和个人特征等微观因素的影响，但在不同的经济环境、市场制度以及国家政策下，具体的微观因素及其影响程度都存在差异。伍拉德和克拉森（Woolard & Klasen，2006）

将 1993～1998 年南非家庭收入流动性的来源归因于转型时期人口结构变化和劳动力市场动荡下的就业变化，初始家庭规模大、初始教育差、初始资产禀赋差和初始就业机会差严重阻碍了收入流动并增加陷入贫困陷阱的风险。阿里斯泰伊和佩鲁吉尼（Aristei & Perugini，2015）分析了 25 个欧洲国家的收入流动性概况和驱动因素，发现不同国家存在显著差异，特别是在家庭构成、人口特征、教育水平和工作岗位方面。阿亚拉和萨斯特雷（Ayala & Sastre，2008）强调了比较不同劳动力市场和再分配制度环境下的收入流动的重要性，从而制度方面的因素开始被较多地讨论。帕夫洛普洛斯等（Pavlopoulos et al.，2010）估计了劳动力市场制度和福利制度对工资流动的影响，发现制度环境在很大程度上解释了工资流动的跨国差异。

国内研究方面，王洪亮等（2012）发现家庭收入结构、家庭特征（受教育年限、家庭规模）、工作状态、职业特征和地理位置对居民收入流动性都有显著影响。王晓、董长瑞（2013）使用 CHNS 数据发现 2004 年之前，个人期初的收入阶层越低，城镇居民收入流动性越强，说明城镇地区收入分配朝着"共同富裕"格局演化，但 2004 年之后发生逆转，阶层固化的趋势显现并加强。此外，职业类型（管理者身份）、单位所有制类型（国有性质）、户籍所在地（东部）对城镇居民收入阶层向上流动的正向影响显著。杨穗、李实（2016）分析了家庭收入特征、劳动力就业特征、人口结构特征、户主特征和所在省份特征如何影响城镇家庭收入流动，研究发现，工资性收入所占比重影响并不显著，失业阻碍了收入向上流动，人口规模和老龄化对收入向上流动起负向作用，教育则一直是收入向上流动的有力通道。

以上的影响因素分析不存在特别的针对性，也不致力于探索某些或某个特定因素与收入流动之间的因果关系，不同数据集和方法下得出的结论存在较大差异。一些文献研究了特定微观因素对收入流动的影响，王杰（2009）基于山东省调研面板数据，从劳动力制度变迁的角度分析了新劳动法实施对个人收入流动的影响，研究发现，新劳动法的实施对男性、低收入群体、青年、沿海地区的劳动者收入向上流动影响更大。王正位等（2016）分析了金融知识通过个体金融行为影响家庭收入流动的机制，研究发现，更高的金融知识使得低收入家庭更有机会跻身至高收入阶层。张子豪、谭燕芝（2018）基于2010年和2014年中国家庭追踪调查数据，实证检验了社会保险对收入流动的影响及作用机制，研究结论是社会保险对于低收入阶层向上流动发挥着正向激励作用，且对农村居民收入流动的正向提升作用更明显。从现有的研究成果来看，探索微观主体特定行为对收入流动影响的研究依然较少，有待进一步丰富。

（二）农村收入流动的相关研究

国内对收入流动的研究起步较晚，且早期的研究主要集中于城乡居民整体收入流动或城镇居民收入流动，而针对农村收入流动的研究相对更晚且更少。对农村收入流动的现有相关研究，主要可归纳为三个方面。第一，对农村收入流动特征的描述分析。这类研究的主要目的包括分析收入流动对农村内部收入差距的贡献（章奇等，2007）、收入流动与不平等的关系（孙文凯等，2007）、不同收入阶层农户收入流动特征对比分析（严斌剑等，2014），以及收入流动特征的城乡对比分析（孙文凯等，2007；杨穗，2016）。第二，农村收入流动的影响因素分析。章奇等（2007）发现，人力资本积累、非农业收入比例上升、农业生产率提高和人口抚养比下降更有利于农户收入向上流动，从而助力农户摆脱低收入陷阱。严斌剑等（2014）认为，受教育水平越高、非农就业范围越广、家庭生产性固定资产扩大和税费负担减轻，越有利于收入流动的提高。杨穗（2016）发现，农村收入结构的多样化是农村家庭收入流动上升的主要动力，而老龄化和少子化的家庭结构变化则起到明显的负向影响。此外，教育对收入流动上升的激励作用越来越强。第三，农村改革或具体政策实施影响农户收入流动的机制分析。其中，资源再分配机制变迁（Nee，1996）、农村市场化改革（罗锋、黄丽，2013；朱诗娥等，2018）通过影响农户拥有的社会资本和人力资本对其收入的贡献程度而影响收入流动。不同收入阶层因所持资本水平不同，资源再分配机制变迁和市场化改革对其收入流动程度和方向的影响也存在差异。惠农政策实施（刘璨、林海燕，2011；张玉梅、陈志钢，2015）和特定项目推行（丁士军等，2016；李飞等，2020）主要通过改变农户资源禀赋和收入构成对农户收入流动产生影响，资源禀赋和收入结构不同的农户其收入流动特征也存在明显差异。目前，农户职业选择的不同或经济活动的差异对农村收入流动的影响研究尚较少。

二、创业影响评价的相关研究

已有文献对创业在减贫和收入分配方面的影响作了较多的研究，减贫和收入分配与收入流动具有紧密关系。贫困的减缓或消除意味着低收入群体的收入向上流动，而收入分配是收入流动过程的最终表现结果。

（一）创业与减贫

创业的减贫功能是创业理论研究和实践研究关注的最基本也是最重要的领域。斯晓夫等（2020）对创业减贫理论进行了详细的综述和总结，从贫困的起源归因出发，将已有研究总结为通过破解个人资源缺乏、地域条件限制和人的素质提升三种机制来实践创业减贫。金融发展（张龙耀等，2013）和信息获取（张博等，2015）分别通过资源补给破解个人信贷资本和社会资本缺乏；第三方支付（尹志超等，2019）通过平台赋能破解地域条件限制；教育（温兴祥、程超，2017）通过学习改变破解人的素质提升问题，从而增强创业的减贫增收效果。在我国农村，创业减贫一直被视为是充分发挥贫困群体内在动力的一种有效脱贫方式。我国 40 多年的脱贫经验积累了众多创业减贫方面的实践成果。多项实证研究表明，农户创业可以降低贫困脆弱性（徐超、宫兵，2017；王修华等，2020）、减少农村贫困（单德朋、余港，2020）、减少多维贫困（袁方等，2020），并防止农村返贫（袁方、史清华，2019）。

（二）创业与收入分配

制度变革理论认为，通过创业减轻贫困的最终目标应该是增加社会平等，这意味着经济效率等经济成果不完全代表创业的成功（Sutter et al.，2019），从经济和社会的双重视角研究创业减贫问题是未来理论研究的新方向（斯晓夫等，2020）。创业相较于工资性活动的收入溢价，以及不同收入阶层创业增收效果的差异，随时间推移不断演变或自我增强，从而对整体收入分配产生影响。

1. 理论研究

理论文献提出了创业可能增加总收入和财富不平等的机制，这些理论通常依赖于激励理论，即对企业家投资和储蓄的借贷限制，加上外部融资的高成本，为企业家积累财富提供了激励。在信贷受限的情况下，创业投资依赖于财富，企业家通过储蓄进行自身积累以克服信贷限制，从而导致均衡情况下企业家财富集中度高于有偿就业（Quadrini，2000，2009；Cagetti & DeNardi，2006）。卡德罗尼（Quadrini，2000）发展了一个包含创业选择和金融摩擦的动态一般均衡模型，表明包含创业的模型相较于不考虑创业活动的模型，产生了更多的财富不平等。卡盖蒂和德纳迪（Cagetti & DeNardi，2006）扩展了卡德罗尼（2000）的工作，表明创业是资本积累和财富集中的一个重要决定因素。在存在借款约束的情况下，投资决策、企业家比例和企业规模分布取决于经济中的资产分布，此时财富持有极为集中，远超过劳动收入，企业家是推动财富集中和总资本积累的重要力量。虽然这些理论模型侧重于财富不平等，但作为存量的财富是由作为收入的流量积累的，而且增加财富的动机也会带来总收入的增加，财富集中度的提升同样会提高总体收入的不平等程度。

2. 实证研究

国外研究中没有专门的"农户创业"概念，对于创业的定义，主要指的是企业家精神意义上的创业，因此创业和企业是紧密相关的。关于创业和收入分配关系的研究，主要集中于从组织不平等之间的关系角度提供结构性解释。国外一些宏观导向的实证研究表明，一个经济体中的大公司规模的相对降低或者小企业数量增多，会通过企业规模工资溢价的变化（Cobb & Lin，2017）和就业集中度的降低（Davis & Cobb，2010），对经济体的收益分配产生显著的负向影响。此外，李普曼等（Lippmann et al.，2005）利用全球创业监测（GEM）数据提供了劳动力收入不平等与创业率之间关系的跨国证据。他们发现，在收入严重不平等的国家，创业率更高，并讨论了与这种模式广泛相关的七个结构性因素：经济发展水平、政府政策、外国直接投资、服务业增长、劳动力市场灵活性的提高、财富转移计划，以及工会组织的变化。阿特姆斯和尚德（Atems & Shand，2018）使用1989～2013年美国州级层面的数据，发现了创业精神与收入不平等之间存在显著的正相关关系。这些宏观层面的实证研究主要关注的并非创业群体和非创业群体之间的收入差距，而是企业规模或创业比率的变化对整体收入不平等情况的影响，尤其是对不同收入阶层工人的工资性收入差距的影响。国外关于创业活动和收入不平等的微观实证研究，始于对企业家收入和工薪阶层之间收入差异的分析。早期的很多实证研究发现，自营企业收入低于可比工薪阶层的平均收入水平，其给出的解释是因为大部分创业者是因无法找到合适的工作而"被动型"创业，因此只有在收入的高分位数上才能体现出企业家收入的优势，从而创业有可能加剧收入不平等（Lin，2000）。哈尔瓦松等（Halvarsson et al.，2018）使用瑞典劳动力调查微观数据，将劳动力群体分为独资企业创业者，法人企业创业者和工人三组，发现企业家（独资企业和法人企业）通过不成比例地影响收入分配最底层和最高层的收入，形成了"U"型关系，从而加剧了收入不平等。

国内对创业的界定大部分是自我雇佣意义上的创业，定义的不同和国内外制度环境的差异，使得国内关于创业和收入分配关系的研究结论与国外有所不同。李政、杨思莹（2017）基于省级面板数据发现创业在中国具有整体的普惠性，创业水平越高的地区创业活动越能改善地区收入分配格局。程锐（2019）使用省级面板数据，对企业家精神和收入差距之间关系的实证检验结果表明，企业家精神越活跃，通过就业效应、收入效应和减贫效应机制带来的区域内收入差距越小，且企业家精神对收入差距低分位点的抑制效果更显著。关于农户创业和农村收入分配的研究中，沈栩航等（2020）基于 CHIP 调查数据研究了农户创业对农村内部收入不平等的影响，发现农户创业对农村内部收入不平等具有显著的扩大作用，且机会型创业对收入不平等的加剧效应更加显著。对农户的收入分解显示，创业主要通过显著扩大工资性收入不平等和转移性收入不平等来加剧农户内部收入不平等。杨丹、曾巧（2021）基于 CHFS 调查数据，实证考察农户创业对农户收入不平等的影响和作用机制。研究结果表明，农户的创业增收效应随收入水平的提高而增加，农户创业加剧了收入不平等，因为农户非农创业的增收效应仅在中高收入阶层体现，社会资本和物质资本的差异是造成创业农户和非创业农户收入不平等的主要原因。

（三）创业与收入流动

国外研究较早地关注了创业对收入流动可能产生的影响。实证研究方面，卡德罗尼（Quadrini，1999）使用美国收入动态面板调查数据，对创业精神在塑造财富集中和流动方面的重要性进行了实证分析。研究结果显示，财富明显集中在企业家手中，企业家的向上流动性大于工人。资产持有和流动性的差异不仅是因为企业家的收入较高，更重要的是，他们在财富收入比方面也经历了更大的向上流动。格拉哈莱斯（Velez-Grajales，2012）使用倾向得分匹配法研究创业对墨西哥的代际流动的影响，发现尽管创业有利于实现代际收入流动，但与中等及以上收入家庭相比，出身于低收入家庭的创业者实现收入向上流动的可能性更低。

国内关于创业和收入流动关系的理论和实证研究都十分缺乏。刘琳等（2019）基于中国家庭收入调查（CHIP）数据，实证研究了创业对代际收入流动的影响。研究发现，创业能够促进代际收入流动，主要表现在中等收入家庭的子女更可能通过创业实现收入的向上流动，而高收入家庭的子女则可能因为创业失败导致收入向下流动。但是受个体和市场环境因素制约，低收入家庭子女难以通过创业实现代际收入的向上流动。代际收入流动与本书主要关注的代内收入流动有一定的相关性。一般来说，代际间的收入传递越强，收入固化程度就越高，从而代内收入流动就越弱。然而，关于创业对代内收入流动影响研究，以及农户创业对农村家庭收入流动影响的研究，却几乎未见报端。

三、研究述评

在研究内容上，从影响收入流动的各种因素的相关研究来看，现有研究一方面从农村家庭户主的个人特征或家庭人口结构特征的内在因素出发进行分析，另一方面从制度环境变革或政策实施的外部因素出发，但很少有从家庭经济行为角度出发的研究。已有研究中基本未涉及家庭创业活动对收入流动影响的讨论，既缺乏对创业家庭和非创业家庭收入流动特征的差异分析，也缺乏对创业活动影响家庭收入流动的计量分析。从农户创业的相关研究来看，关于农户创业如何影响农村以及农民生产和生活方面的研究还远远不足。评价创业活动对家庭福利的影响是认识创业活动结果的关键，但现有研究主要集中在减贫和收入分配等社会福利视角。农户创业减贫效应的评价主要依赖于创业的经济外溢影响，且主要针对农村低收入群体，不能反映农户创业对农村各收入阶层的福利影响差异。创业与收入分配关系的讨论则侧重于从宏观角度评价创业的社会福利效应，但现实中农户创业占比偏低，在塑造整体收入分配结果中的贡献可能很小，关注动态过程比关注静态结果更有意义。更重要的是，作为个体或家庭的经济行为，对创业的影响评价应当从个体或家庭出发，重点关注创业是否会改善个体或家庭自身的状况。

已有研究多使用截面数据，这在解释收入流动性和创业效应方面存在一定的局限性：一是截面数据无法有效反映创业随时间变化的影响趋势，创业在不同阶段对收入的影响是不同的，使用截面数据无法捕捉这种差异；二是创业进入和退出频繁，其对收入的影响与经济发展和产业结构调整等宏观环境是密不可分的，使用截面数据无法控制这些宏观因素影响，在技术上难以分离出创业的纯粹效应。因此，相较于从减贫和静态收入分配结果角度来评价创业活动产生的影响，使用面板数据研究农户创业的收入流动效应提供了一种创业影响评价的新视角，同时考虑创业的社会福利效应和个体经济福利效应，更加具有理论价值和现实意义。

第五节　研究内容、研究方法与创新点

一、研究内容

本书的研究内容有以下四个方面。

（一）农户创业政策演变、农户创业与农村收入结构和收入分配变化情况

本部分首先对改革开放以来我国农户创业政策的历史脉络进行梳理，然后使用宏观统计数据和微观调查数据对我国农户创业的发展现状，以及农村收入结构与收入分配的变化情况进行统计分析。该部分通过展示农户创业发展与农村收入结构和收入分配演变之间的内在联系，为研究农户创业与农村收入流动之间的关系提供背景支撑。

（二）农村家庭收入流动性分析

本部分使用中国家庭追踪调查数据，运用收入转移矩阵与公理化指标作为工具，将农村家庭按收入水平高低划分为不同的收入阶层。首先，对农村内部收入流动性进行了整体分析，以评价农村总体收入流动程度和收入流动质量；其次，对创业家庭和非创业家庭在收入流动程度和收入流动质量上的特征进行差异分析；最后，根据创业家庭收入流动对农村整体收入流动构成的贡献和收入流动与收入分配之间的关系来评价创业活动的社会福利效应。

（三）农户创业对农村家庭收入流动的影响分析

本部分基于中国家庭追踪调查数据和实证分析方法，分析农户创业活动对农村家庭收入流动的影响，评价农户创业的个体经济福利效应。首先，从绝对收入流动角度分析了农户创业对农村家庭收入增长率的影响，研究了创业对家庭收入绝对流动的短期效应和长期效应，同时分析不同收入阶层从事创业活动时，在绝对收入流动影响上的差异性，评价农户创业对家庭收入流动质量的影响。其次，从相对收入流动视角分析了农户创业对农村家庭收入阶层变动的影响，研究了农户创业对农村家庭收入相对流动的短期效应和长期效应，同时分析不同收入阶层从事创业活动时，在相对收入流动影响上的异质性。最后，考虑创业活动在研究期间的变动性，分析农户创业状态转变与家

庭收入流动之间的关系。

（四）创业农户家庭收入流动特征的现实原因分析

本部分基于第三部分的分析结论，从经济不确定性下的创业资源配置次优化、劳动力市场分割下的生存型创业动机，以及人力资本约束下的创业能力不足三个方面，分析了农户创业活动并未改善农村创业家庭收入流动质量的现实原因。最后，基于理论机制和现实原因，提出如何通过提高农户创业质量，从而带动家庭收入流动质量提升的相关政策建议。

四部分内容归纳如图 1－1 所示。

二、研究方法

（一）文献分析法

通过分析现有相关文献，对已有研究成果进行分析总结，寻找现有研究尚未涉足的空白领域，总结出本书的研究主题和研究内容。本书从两个维度分析总结了现有的研究成果，一是农户创业绩效评价的相关研究，二是收入流动影响因素的相关研究。文献分析结果显示，一方面，虽然现有研究对农户创业的脱贫、增收以及收入分配效应进行了讨论，但关于农户创业对家庭收入流动影响的研究却鲜有涉及；另一方面，虽然人力资本、社会资本、金融资本、职业活动等个人特征对收入流动的影响已被广泛讨论，但关于家庭特征，尤其是家庭经营活动特征对收入流动的影响的研究相对较少，并且缺乏家庭创业活动对家庭收入流动性的影响的相关研究。

（二）统计分析法

第一，使用宏观数据统计分析了农村收入结构演变情况，并通过计算基尼系数和高低收入比值描述了农村内部收入分配的变化情况，以反映经营性收入在收入分配演变中的重要性，从宏观经济变化现状

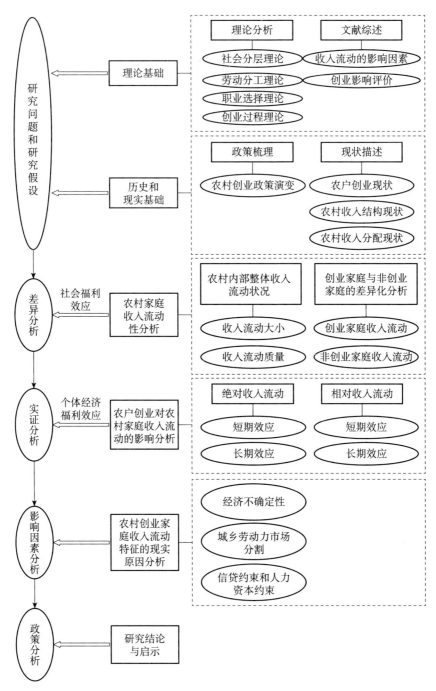

图1-1　本书的研究框架

中展示农户创业可能对农村收入分配产生的影响。第二，使用微观调查数据统计分析了近年来农户创业的数量、比率和行业分布等特征，同时对创业农户和非创业农户的收入水平、收入构成演变进行了对比统计分析，建立创业与收入流动相关的微观基础。第三，使用收入转移矩阵对研究期间农村家庭人均收入的收入流动特征进行描述和分析。首先，将农村家庭样本按照其收入所处阶层平均分为五等。其次，记录每个家庭在调查期间收入阶层的变化情况（变化方向和变化程度）。然后，计算各种变化情况下的家庭分布比率，以及反映总体收入流动的统计指标。最后，通过这些数据和指标，展示短期和长期内农村家庭人均收入流动在强度和质量上的总体情况。

（三）计量分析法

在基于微观调查数据整理成的面板数据基础上，使用控制个体固定效应和时间固定效应的双固定效应计量模型，运用普通最小二乘法、有序 logit 回归方法研究农户创业对农村家庭收入流动的影响，并进行基准计量分析，赋予相应的回归系数以经济学意义。为了验证结果的稳健性，采用替换解释变量、替换被解释变量和样本二次清理的方式进行稳健性检验。对基准回归结果可能存在的选择性偏差和内生性问题，本书分别使用倾向得分匹配和加入工具变量的方式进行处理，以保证回归结果的科学性。

（四）对比分析法

第一，对创业家庭和非创业家庭的各项收入构成、家庭人均收入流动变化方向、家庭人均收入流动变化程度进行对比分析，展示农户是否创业对家庭人均收入流动产生的差异化影响。第二，对在研究期间一直持续创业、从未从事创业、初始创业而后退出以及初始未创业而后进入创业的这四种家庭类型的收入流动变化方向和程度进行对比分析，以展示创业持续性对家庭人均收入流动性的影响差异。

三、创新点

和已有研究相比，本书的边际贡献体现在以下两点。

第一，在收入分配影响机制中引入了收入流动的影响。在"职业选择—收入分配"理论框架下，将农村收入分配研究从静态评价扩展到动态分析，以个体收入阶层变化映射收入分配的动态演变。"职业选择—收入分配"理论强调在不完全市场下，由资本约束而决定的职业选择对初始收入的累积性分化影响。本书在"职业选择—收入分配"的框架基础上，加入了收入流动的机制作用，从而发展为"职业选择—收入流动—收入分配"的研究框架。该框架强调家庭创业活动通过影响家庭收入阶层的变动，进而对收入分配产生影响，为认识我国农村收入分配的结构性变化提供了一个新的角度。

第二，从经济学和社会学双重视角研究创业活动。在农村社会阶层固化程度不断上升的现实背景下，根据农户职业分化和收入分化之间的关系，在对收入进行分层的基础上，以收入所处阶层反映社会阶层，以农村家庭收入流动反映农村社会阶层流动情况。将农户经营活动和农村社会阶层流动联系起来，从经济学和社会学的双重视角出发，不仅从经济学角度考察创业的经济效益，还从社会学角度探究创业在阶层塑造和流动方面的社会影响。这样既探究了农户创业这一经济问题的社会学意义，又丰富了对农村社会阶层演变这一社会现象的经济解释。

第二章　理论基础、机理分析和研究假设

—————　第一节　理论基础　—————

当市场在资源配置中起决定作用时，市场化程度越高，收入阶层的高低越能代表社会地位的高低，从而决定市场主体所处的社会阶层。收入流动和社会流动密不可分。作为一种职业选择行为，创业决策与劳动分工演变和劳动力市场发育情况是紧密相关的，劳动分工越细化，劳动力市场化程度越高，职业分化越明显，从而收入差异化程度越高，收入变动也越明显，收入流动性也越强。一定期间内的职业分化和收入流动过程则共同造就了特定时点的收入分配结果。特定时点的收入分配通过收入流动效应逐步改善或进一步恶化，从而对下一期的收入流动和下一时点的收入分配产生影响。创业本身也是一种动态化的经济活动，创业过程中机会、资源和主体如何匹配和平衡直接影响着以收入流动为表现的创业结果。本书将创业影响收入流动的理论基础建立在社会分层理论、劳动分工理论、职业选择理论和创业过程理论之上。

一、社会分层理论

社会分层是社会结构中最主要的现象，因而是社会学研究中最主

要的理论领域之一。社会学领域关于社会分层划分标准的理论得到了众多发展。美国社会学家布劳和邓肯（Blau & Duncan, 1967）提出了职业地位分析模型，他们认为，现代工业化社会形成的多元化职业结构构成了社会分层的重要基础，经济资源和利益的获得是与职业相联系的，职业地位决定了个人所处的社会阶层层次。这种以职业地位为依托的社会层次划分主要隐含的前提是职业地位高低和收入水平高低是直接相关的，即职业分层和收入分层是相对应的，由此形成了对应的社会分层。一般认为，"两头小、中间大"的橄榄型社会结构是保持政治稳定和经济健康可持续发展的良性社会阶层结构（陆学艺，2003），而这一社会阶层结构的形成必须得益于社会流动性的增强。社会流动是指人们在社会空间中从一个地位向另一个地位的移动，与社会分层直接相关。在不同的制度背景下，社会分层体系和社会流动模式也不同。社会流动包含了个人在不同职业间的所有流动，包括了职业流动和迁移。职业流动是社会流动的一个重要表现，社会位置间的流动分布改变了职业结构，从而也改变了社会结构。"职业"成为现代社会中资源和机会不平等分配的基础，不同的职业具有不同的准入资格、收入、权力和社会声望，由此形成了一个垂直的职业地位层级体系。在农村，"自己当老板"和"给别人打工"被视为两种不同的身份象征，在收入和声望上具有明显的差别。

在社会学家萨列尼（Szelenyi, 1978）分析的再分配经济体制下，政治权力主导资源配置，再分配者通过非市场贸易从直接生产者手中攫取生产剩余，并通过再分配过程偏向权力群体而形成经济利益的不对等分配，从而造就了再分配经济制度下的独特分层机制，不同阶层之间缺乏流动性。市场则在国家社会主义再分配制度下具有改变现有的社会阶层结构、降低不平等的功能。尼（Nee, 1989）将这一理论应用于中国计划经济体制向市场经济转型过程的分析，提出了"市场转型论"。他认为，在向市场经济转型的社会体制下，劳动力的价格由买卖双方议价决定，而非通过行政手段。控制资源的权力从再分配者手中转移到市场交易主体，从而为劳动者提供了更多的激励，人力资本的回报也随之上升。以市场为中心的新型机会结构在向市场经济转型过程中逐步形成，这在当时中国社会的主要表现就是一批民营企业家的诞生。这些新的社会精英开辟了一条不同于以往的权力精英所走的社会流动通道，通过市场实现了收入和地位的向上流动。在农村，市场化改革冲击了传统的资源分配结构、动摇了农村封闭的社会结构。农民职业结构和就业状况的改变成为农民地位发生变化的重要变量。现代社会结构具有开放性特质，阶层之间容易出现流动，社会流动的机制、方向也发生了变化。社会成员更有可能通过自己的努力而进入更高的社会阶层。在资源配置市场化程度越来越高的社会中，职业选择的自由更有利于劳动力比较优势的发挥，经济主体也更有可能在更公平的机会下通过努力提高收入，从而跻身更高的社会阶层。

二、劳动分工理论

根据亚当·斯密（Adam Smith，1776）的劳动分工理论，社会成员的职能分工使得各经济主体在各自擅长领域不断专业化。在社会演进过程中，劳动分工在各个领域不断细化。劳动分工的必然结果是不同的职业对稀缺资源有不同的控制。知识和技术、对经济资源的控制和对他人活动的控制是三种主要的稀缺资源，也是权力的三个基本方面。掌握资源所产生的权力影响着各种职业在劳动力市场中的地位，特别是薪酬水平。如果劳动力市场不完善，不同就业状态的转换就存在较大壁垒，劳动者无法实现比较优势的发挥和收益最大化，因此，由于控制的资源不同，以致获得的报酬差异明显。20 世纪 80 年代以来，随着市场化进程的加速，我国大量农村劳动力为了谋求经济利益而不断流动，最直接的效果便是促进了农村劳动力以职业转换形式为表现的分化。

随着我国城乡界限的逐渐打破，更多资源为更多群体所共享，劳动力市场分割的状态逐步改善，劳动力市场逐步开放，各阶层寻找适合自己生存与发展空间的机会增加。劳动力实现在地域、行业之间的自由流动，劳动者可以根据自己的能力和需求自由选择职业。在农村，家庭联产承包责任制的推行使农民获得了农业生产的相对自主权和自身劳动力的支配权，而土地承包权自由流转的推广进一步推动了农民劳动力比较优势的发挥，农村剩余劳动力自由流动的范围和程度进一步扩大和加深。职业选择自由下，农民职业种类愈加多元化，职业分化和职业分层在市场化资源配置下更加明显。继续从事农业生产活动的农民可以通过土地转入实现规模化经营，形成各种新型农业经营主体，在自我雇佣的同时雇佣其他劳动力。选择与农业生产资料相脱离的农民可以将土地转出，迁移至城市选择自我雇佣或者被雇佣成为工资获得者。在农户职业分化的过程中，以自我雇佣为表现形式的创业成为农户职业分层中的一个重要组成部分。在自我雇佣和被雇佣的不同职业选择下，形成了以利润为主要收入来源和以工资为主要收入来源的不同社会群体。职业分化带来收入分化，职业分层的多元化带来收入分层的进一步细化。与被雇佣相比，自我雇佣对生产资料的收益和实现的利润具有剩余控制权，收入变动的空间更大，但同时因为要承担全部经营失败的损失，承担的风险也更大。因此，自我雇佣收入向上流动和向下流动的频率和程度都可能高于被雇佣，收入流动性更强。市场转型的高收入流动使得自我雇佣更有可能成为经济主体向上层社会流动的通道，尼（1989）曾明确指出，市场经济的出现将改变机会结构，并将经营私营企业成为另外一条（向上）社会流动的道路。

三、职业选择理论

在新古典增长理论下，拥有相似偏好和技术的经济体会收敛到相同的人均收入稳态（Barro & Sala-i-Martin，1995）。据此，新古典主义增长模型的一个中心预测是，市场机制促进了不同主体、家庭或国家收入的趋同。因此，从长远来看，历史上的不平等会渐渐消失。但不容忽视的是，在发展经济学中，人们经常会提到贫困陷阱的概念：贫穷的个人和经济体往往因为开始贫穷而保持贫穷。这样，导致贫困持续存在的一个具体机制就受到了广泛关注。在对这一机制的探寻过程中，职业选择的收入分配效应得到了广泛的讨论和重视（Galor & Zeira，1993；Banerjee & Newman，1993，1994；Aghion & Bolton，1997；Piketty，1997；Mookherjee & Ray，2000）。穷人因为初始财富少，相比富人面临着更大的借贷限制，这一限制反过来又使他们无法采用有效的技术或选择有利可图的职业，从而收入向上流动的通道受到阻碍。在不发达国家，获得信贷的机会和能力匮乏且不平等，具有相同风险偏好的个体因为风险承担能力不同，不一定会从事相同的风险行为。生产要素分配高度不均的一个典型特点是形成生产的各种等级组织。如果资本市场是完美的，富人借出资金，穷人借入资金，所有个体都将成为自我经营者，不会形成职业上的明显分化。但由于借款人有限责任的规定和固有的道德风险问题，资本家直接从事生产并承担监督工作（即资本家也称为企业家）比贷款给企业家更有利可图，由此可以解释等级分层组织为什么在农业这种不需要高度分工和团队合作的生产活动中也会出现（Eswaran & Kotwal，1989）。将抵押品纳入合同能够有效地降低道德风险，这决定了代理人的初始财富禀赋决定了其在等级中的地位，相对富有的借款人将因此获得不成比例的信贷而成为"老板"；相对贫穷的代理人无法提供抵押品，将成为被雇佣的"工人"或从事其他维持生计活动的"自我经营者"。班纳吉和纽曼（Banerjee & Newman，1993）在此思想上，将经济发展模型化为一个制度变迁的过程，其中代理人职业决策与财富分配之间相互作用。由于资本市场的不完善，贫穷的代理人选择为工资工作而不是自我创业，而富有的代理人则成为企业家。在静态平衡中，职业结构取决于初始分配。当初始分配本身是内生时，初始财富分布通过职业选择途径对未来收入分配和经济发展产生长期影响。初始阶段属于不同收入层次的代理人因为职业选择的不同，未来的收入演变呈收敛而非发散之势，不完全资本市场下收入分层的原有界限难以打破，收入流动性趋向于降低，收入差距不断扩大。

职业选择除了通过不完全资本市场机制影响收入分配，还通过经济个体自身能力，尤其是创业技能影响收入差距。在信贷约束严重的初始阶段，创业率较低且规模较小，在劳动力需求不足下的低工资水平使得企业经营成本低，企业家获得高利润并随着时间推移不断积累，收入差距不断扩大，此时经济活动选择的主要决定因素是财富，而不是创业技能。当企业家扩大规模并不断成立新的企业时，对劳动力需求的增加提高了均衡工资水平，企业成本抬高降低了企业家利润，工人收入向上流动，企业家收益向下流动，企业家和工人之间的收入差距降低，收入和财富不平等开始下降（Lloyd-Ellis & Bernhardt，2000）。在不同的职业选择框架（Bianchi，2009）下，个人根据自己的财富和才能，选择成为企业家、自营职业者或者雇员。放松信贷约束可以让一些贫困个人获得信贷并成立公司，这增加了市场竞争和对劳动力的需求，工资的提高降低了不那么有才能的人成立公司的动机，使他们乐于成为雇员。个人比较优势的充分发挥改变了生产结构，并促使企业人才更有效地分配给生产技术岗位。随着金融发展，企业家比重上升，公司竞争增加了劳动力需求，提高了工资水平，并降低了企业家的利润，从而缩小了不同职业间的收入差距。

四、创业过程理论

创业是通过获取利润来作为收入来源的经济活动，其本身是一种高度动态化的创收活动。蒂蒙斯（Timmons，1999）将整个创业过程看作是一个由创业机会、创业资源和创业主体三个驱动因素动态化相互匹配和平衡的过程。其中，创业机会是驱动创业的核心因素，主要来源于风险和不确定性；创业资源是必要条件和保障，能否快速调动和整合现有资源、发掘新资源是创业成功的前提；创业主体是创业的实施者，其主观能动性的充分发挥是创业维持并实现增长的关键。上述三个维度对于农户创业成功来说缺一不可，通过创业活动拉动家庭收入向上流动是农户创业成功的标志。从创业资源角度看，创业资源匮乏下，农户通过资源整合克服资源约束，影响创业绩效；从创业机会角度看，农户创业面临和承担更大的自然、市场、技术和经营风险，给家庭收入带来正向或负向的冲击，加剧收入波动，提高收入流动程度；从创业主体角度看，创业者相对打工就业的劳动力，其比较优势的释放能够充分发挥创业者的主观能动性，同时降低创业过程中的生产要素成本，提高创业绩效，拉动家庭收入向上流动。

第二节　机理分析和研究假设

一、创业影响收入流动的机理分析

在劳动分工深化和劳动力资源配置市场化程度提高的现实下，社会分层不断显化，职业选择对社会流动产生的影响愈加突出。农户在作出创业的职业选择后，其创业活动或行为会带来以家庭收入流动为代表的创业结果。借鉴蒂蒙斯和斯皮内利（Timmons & Spinelli，2009）基于创业过程动态性和复杂性提出的经典创业过程模型，本书从资源、机会和主体三个维度出发，将农户创业影响农村家庭收入流动的内在机理总结为：手头资源整合、经济风险承担和比较优势发挥三种路径。

1. 农户创业活动通过整合各方面创业资源而影响收入流动

相较于从事工资性活动的农户，面临资源或生产要素约束情况对创业农户来说是一种常态。在农村创业资源相对稀缺的情境下，以尽量利用手头可用资源为核心理念的资源整合是创业活动得以顺利开展的最优选择。资源整合是对现有资源的重组、创造性组合和充分利用，用尽可能低的成本和时间、尽可能快的速度，以解决新问题和把握新机会（Baker & Nelson, 2005）。农户创业面临物质资本、金融资本和社会资本的多重掣肘，同时也拥有着土地、自然和乡土文化方面的天然优势，以地缘和亲缘关系为特征的农村社会网络为低成本整合这些优势提供了便利。资源整合可以缓解农户创业面临的要素约束，将手头土地、劳动力和社会关系资源的价值和用途进行最大化开发，帮助其形成独特的竞争优势，从而对农户创业绩效产生至关重要的影响。作为创业家庭收入的主要组成部分，创业绩效的高低直接关系着创业家庭收入的变动方向和程度，从而影响创业家庭的收入流动。

2. 农户创业活动通过承担更大的经济风险而提高收入流动程度

经济个体风险偏好的差异很可能导致个体间行为选择的差异，由于家庭中各成员行为具有相互影响的特征且家庭决策的优先次序一般高于个体决策，因此，经济个体职业选择的行为对家庭整体都具有直接和重要影响（赵颖，2017）。当农户选择创业而非工资性就业时，将面临如自然风险、市场风险以及经营风险等多重风险类型，这些风险的直接承担者是创业主体，因此，家庭收入也不可避免地会受到更大的冲击。农户创业是一个高度动态化的过程，但农村环境、农户创业者和创业领域的弱质性，以及三者叠加形成的动态能力不足，农户创业面临的风险冲击力度强、风险应对能力弱、风险损失程度高且损失恢复能力低，从而表现出较高的创业脆弱性。农户创业，尤其是农业领域创业活动同质性强，面临的自然风险、市场风险和技术风险同质性很高，负向风险冲击经常是地域性和群体性的。根据前文论述的收入流动的第四种内涵，经济个体特定时期收入中，暂时性组成部分代表了对收入的意外特质性冲击，经济个体受到的冲击越大，收入流动越强。现实中，创业风险分担机制缺失加剧了农户创业活动暴露在风险敞口之下的程度，具体表现为商业性保险鲜少提供满足个性化需求的创业保险产品，而政策性保险远不能满足创业农户的需求，保险体制呈现刚性化和单一化。农户只能借助一些隐形或非正式的风险分担机制如宗族、亲属网络应对风险，但"救急不救穷"的传统观念无形中也限制了这一分担机制的作用发挥。在创业风险不可避免而创业风险分担机制缺失的现实情况下，创业活动的经济风险带来了创业收入的高度波动。当遭受负向风险冲击时，短期内收入急剧下降的创业家庭，在短时间内无法恢复至原有的收入水平，因此，所处收入阶层将呈显著地向下流动趋势；当面临正向风险冲击时，收入也可能在短期内跃升至更高的收入等级，收入流动程度明显提高。

3. 农户创业活动通过充分发挥劳动力比较优势而改善收入流动质量

根据社会分层理论，当政治主导资源配置时，农村创业的领域、范围和形式会受到多方位的强制性限制，只有通过政治手段能够掌握和控制创业稀缺资源的群体，才能进入并维持创业。再分配者通过非市场资源配置从直接生产者手中攫取创业利润，并通过再分配手段偏向权力群体而形成创业经济利益的不对等分配，造成创业利润的集中，并缺乏流动性。改革开放以来，农户职业选择的空间和范围不断多样化和自由化，劳动力要素的市场化配置程度不断提高。农户可以根据自己的能力和需求选择创业领域、地域和形式，发挥劳动力要素的比较优势。在创业主体选择和决策的过程中，根据市场化导向将资本配置到利润最大化的创业项目上，实现资本要素的优化配置。通过土地的转入和转出，农户可以选择农业创业和非农创业，从而优化土地生产要素配置。劳动力比较优势的发挥带来了资本和土地生产要素以市场化为导向的优化配置，使各生产要素在创业过程中实现良好匹配，这有利于拉动农户家庭收入向上流动，并改善家庭收入流动质量（如图2-1所示）。

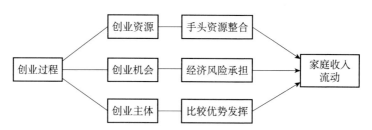

图2-1　农户创业影响农村家庭收入流动的内在机理

二、研究假设提出

基于上述理论基础和创业影响收入流动的内在机理，因创业活动面临并应对更大的经济风险而使家庭收入面临更大的冲击，本书的第一个假设如下。

H1：从收入流动程度上看，农户创业会加剧农村家庭收入流动，创业相对工资性就业具有更强的收入流动。

创业活动通过整合创业资源并充分发挥生产要素比较优势，以提升创业绩效而增加家庭收入，本书的第二个假设如下。

H2：从收入流动方向上看，农户创业会促进农村家庭收入向上流动，实现相对打工就业更高的收入增长溢价。

不同的收入阶层面临的资源约束程度不同，其资源整合能力和生产要素配置能力也存在差异，因此不同收入阶层农户从事创业活动产生的收入流动效应也可能存在差异。低收入阶层农户因为面临更强的资源约束和有限的人力资本水平，其资源整合能力和生产要素配置能力相对于高收入阶层更低，因此创业带来的收入流动效应可能更弱。基于此，本书的第三个假设如下。

H3：分收入阶层来看，低收入阶层从事创业活动带来的收入向上流动效应更弱，创业改善低收入家庭收入流动质量的作用更低。

鉴于收入流动的衡量与使用的收入流动内涵和创业经历的时间段直接相关，家庭收入流动特征会随时间变化而变化。本书在收入流动内涵上分绝对收入流动和相对收入流动，在时间段上分短期和长期，并分别进行实证研究以验证提出的假设。

────── 第三节　本章小结 ──────

社会分层理论表明，当市场而非政府主导资源配置时，劳动力比较优势更容易发挥，职业流动更强。不同职业掌控的资源和机会构成了收入水平产生差异的基础，职业分层决定了收入分层，进而形成了相应的社会分层。资源配置市场化程度越高，劳动力的比较优势越容易发挥，人力资本的回报率便越高。当农户创业选择是劳动力要素市场化配置的结果时，创业者充分发挥企业家能力和创业技能，相较于就业更有可能实现收入的向上流动并跻身更高的社会阶层。相反，如果政府主导资源配置，农户从事创业则更可能是劳动力市场分割下的被动选择，创业相较于就业的比较优势可能难以发挥，创业不一定带来正向的收入流动。劳动分工理论表明，劳动分工细化带来职业的分化，职业分化下收入分化愈加明显。市场化程度越高，劳动分工细化程度越高，不同职业选择带来的收入来源性质上的差异便越大，在相同观察期间内的收入流动越明显。农户创业是农村劳动力分工的一种有效方式，是农户主动或被动的一种职业选择，收入来源的细化和多元化具有提高农村家庭收入流动程度的作用。职业选择理论表明，不完全资本市场下的借贷限制扭曲了职业选择，也扭曲了人力资本回报。职业结构取决于初始财富分配，初始分配因职业选择的内生性而呈收敛和强化之势，导致收入极化产生，收入流动性会降低。农村资本市场的不完善和信贷市场的不发达使得农户创业选择决策可能很大程度上依赖于家庭的初始资产和收入状况,只有高资产和收入的农户才有可能跨越创业门槛而进入创业。此时,创业的收入流动效应则直接取决于创业成功与否。资本市场不完善时,缺乏风险缓冲机制,创业失败带来的收入亏损得不到转圜,从而在长期内收入可能呈向下流动趋势。创业过程理论表明,创业是一个由创业机会、创业资源和创业主体三个驱动因素动态化相互匹配和平衡的过程。创业过程中每一个维度作用的发挥是创业成功的关键,也是通过创业实现家庭收入向上流动的内在机制。借鉴创业过程模型,本书从资源、机会和主体三个维度,将农户创业影响农村家庭收入流动的内在机理总结为手头资源整合、经济风险应对和比较优势发挥。

第三章 政策梳理与现状描述

第一节 改革开放以来我国农户创业的相关政策梳理

中国的创新创业发展和改革开放是相伴相生的,有人将企业家精神的复苏和创业者群体的兴起看作是改革开放的标志(张玉利、谢巍,2018)。1978 年的改革始于农村、源于农业,却并未僵化地将探索农民富裕的农村发展道路限制在农业上,而是鼓励和支持农户多元化创业。农户创业是改革开放后中国创新创业发展的起点,国家针对优化农村创业环境和鼓励农户创业活动的政策,是我国创新创业政策的重要组成部分。以下将国家关于农户创业的政策进行了阶段式的梳理,并对每一阶段的农户创业特征进行了总结分析。

一、第一阶段 (1978～1991 年):农村创业环境松动

(一) 政策梳理

1. 家庭联产承包责任制和土地承包经营权流转赋予了农民择业自由

1978 年的家庭联产承包责任制改革使农民在集体经济中由单纯的劳动者变成了生产者和经营者,在发挥劳动和土地潜力的同时大大调

动了农民的生产积极性。1982年中央一号文件的发布明确了生产责任制的发展地位，土地所有权和经营权分离的本质稳固和完善了家庭联产承包责任制，并鼓励农民多种经营。农民获得了自己土地和劳动力的自主决策权，但改革初期对土地承包经营权流转的禁止限制了农民的择业自由。1984年的中央一号文件提出，"继续稳定和完善联产承包责任制，帮助农民在家庭经营基础上扩大生产规模，提高经济效益"。这是首次允许农村土地有限度流转，规定了土地可以在集体内部社员间转包，"鼓励土地逐步向种田能手集中"，同时特别指出"农村在实行联产承包责任制基础上出现的专业户，带头勤劳致富，带头发展商品生产，带头改进生产技术，是农村发展中的新生事物，应当珍惜爱护，积极支持"，这促进了农业自我雇佣活动规模的扩大和创业精神的培育。土地承包经营权流转的限制得以初步打破，有利于一些农民在农业生产方面劳动力比较优势的发挥，为扩大农业经营规模并充分实现自我雇佣奠定了基础。

2. 乡镇企业崛起和发展为农民开辟新的就业门路

家庭联产承包责任制和农村土地流转政策的放松将大批农业劳动力从土地束缚中解放出来，在城乡地域自由流动的壁垒尚未打破之前，依赖乡村本土创业来发展非农产业以吸收农村剩余劳动力成为主要渠道。1984年的中央一号文件明确提出，"允许农民和集体的资金自由地或有组织地流动，不受地区限制。鼓励农民向各种企业投资入股；鼓励集体和农民本着自愿互利的原则，将资金集中起来，联合兴办各种企业，尤其要支持兴办开发性事业"，同时，对一般企业和社队企业的农村雇工形式和薪酬制度赋予了更大的决策空间和灵活度。1984年3月1日，中共中央、国务院转发农牧渔业部《关于开创社队企业新局面的报告》并发出通知，同意报告中提出的将社队企业名称改为乡镇企业的建议，并明确强调各级党委和政府"对乡镇企业要和国营企业一样，一视同仁，给予必要的扶持"，同时提出了发展乡镇企业的若干政策，以促进乡镇企业的迅速发展。乡镇企业是多种经营的重要组成部分，为农民开辟了新的生产门路，成为农村经济的主体。1984~1988年，乡镇企业得到了高速发展，农民可以"离土不离乡"实现就地转移就业，在这个阶段虽然允许发展个体经济，但乡镇企业绝大部分属于集体所有。

3. 鼓励发展个体经济和私营经济形成了"草根"创业大潮

1981年党的十一届六中全会提出，"一定范围的劳动者个体经济是公有制经济的必要补充"；1982年党的十二大提出，"鼓励和支持劳动者个体经济作为公有制经济的必要的、有益的补充"；1987年党的十三大提出，"私营经济也是公有制经济必要和有益的补充"，个体经济和私营经济在公有制经济中合法地位的确立带来了返乡知青和农民创办乡镇企业的迅速发展。1984年2月，国务院出台的《关于农村个体工商业的若干规定》指出，"国家鼓励农村剩余劳动力经营社会急需的行业。对于经营手工业、修理业、服务业、饮食业等社会急需行业而确有困难的，国家可以在贷款、价格、税收等方面给予适当照顾，并在技术上给予必要的帮助"，政策优惠导向使农村个体工商户成为农民自我雇佣的主要形式。1987年国务院出台的《城乡个体工商户管理暂行条例》取代1984年《关于农村个体工商业的若干规定》，将农村村民和城镇成员的个体工商户经营纳入同一政策体系下，在经营范围、登记准入等条件方面进一步放宽，形成了一批"草根"创新创业浪潮。

（二）特征总结

一是创业环境优化，农民初步获得了择业自由权，可以通过比较优势原则优化土地和劳动力资源配置。二是创业"脱农"现象严重。家庭联产承包责任制下放农业生产权利至家庭和个人，导致许多社办企业解散，第一产业的企业单位数量反而明显减少。以乡镇企业形式开展的创业活动大都集中在第二产业，"脱农"现象明显。三是个体企业和私营企业法定地位的重新确立使创业群体由权力阶层转移到"草根"阶层。四是乡镇企业大都布局在乡村内部，农民创业主要是"离土不离乡"的就业方式。

二、第二阶段（1992～2004年）："离村"型非农创业猛增

（一）政策梳理

随着改革的深入，农民为追求经济利益的更大化，普遍经营非农产业，导致大量的个体企业、联户企业在农村呈分散化、粗放式发展，"脱农"化和偏"重工业型"特征给农村生态环境和经济秩序带来了负面影响（庄晋财等，2019）。20世纪80年代末到90年代初，乡镇企业发展进入了一个低潮阶段。1992年邓小平南方谈话的发表和中共十四大的召开为乡镇企业发展开辟了新的方向。1992年3月，国务院批转农业部《关于促进乡镇企业持续健康发展的报告》的通知和1993年2月，国务院关于加快发展中西部地区乡镇企业的决定，为乡镇企业的改革与发展创造了空前良好的外部环境，乡镇企业进入了一个新的发展阶段。这一阶段，乡镇企业的外向型发展特征下农村创业活动开始向城镇集中，出现非常明显的"离村"现象，且个体企业和私人企业增长迅猛。2003年12月，《中共中央国务院关于促进农民增加收入若干政策的意见》对乡镇企业的改革和调整进一步推动，提出"引导农村集体企业改制成股份制和股份合作制等混合所有制企业，鼓励有条件的乡镇企业建立现代企业制度。农村中小企业对增加农民就业作用明显，只要符合安全生产标准和环境保护要求，有利于资源的合理利用，都应当允许其存在和发展"。乡镇企业的市场化转型步伐加快，拉动农民就业的作用进一步发挥。

这一阶段农户创业的发展还离不开国家对农村人口流动政策限制

的放松，人口流动政策由严格限制到允许有条件流动，再到 2003 年 12 月的《中共中央国务院关于促进农民增加收入若干政策的意见》中明确提出，"改善农民进城就业环境，增加外出务工收入""保障进城就业农民的合法权益"，"农民工"得到高度重视并逐渐成为农村非农创业的主流群体，"打工—创业"模式成为当时农村转移劳动力的主流就业模式。同时，这一阶段国家全面完善对个体经济和私营经济的政策。2003 年 12 月，《中共中央国务院关于促进农民增加收入若干政策的意见》中强调，"大力发展农村个体私营等非公有制经济。法律法规未禁入的基础设施、公用事业及其他行业和领域，农村个体工商户和私营企业都可以进入。要在税收、投融资、资源使用、人才政策等方面，对农村个体工商户和私营企业给予支持。对合法经营的农村流动性小商小贩，除国家另有规定外，免予工商登记和收取有关税费"。农村非公有制经济的发展领域不断拓宽，并开始享受公平的市场准入待遇。

（二）特征总结

一是农民工成为农户创业的主流群体，且创业领域随着劳动力转移到城市而以非农创业为主。二是城乡收入的巨大差距吸引着农户创业以"离土又离乡"的方式进行，许多农民甚至选择直接在城市落户定居。三是以成立个体工商户和私营企业进行创业的农户明显增加，成为主要的自我雇佣形式。

三、第三阶段（2005～2014 年）：返乡创业浪潮兴起

（一）政策梳理

进入 21 世纪以后，政府意识到农村劳动力和资本要素向城市流动的单一转移模式并不能解决中国农村经济发展问题，反而加剧了农村的凋敝，造成日益严峻的"三农"问题，城乡发展差距越拉越大。

2005 年 10 月，中国共产党十六届五中全会提出，要推进社会主义新农村建设；2005 年 12 月，十届全国人大常委会第十九次会议通过决定，自 2006 年 1 月 1 日起废止《中华人民共和国农业税条例》，全面取消农业税，政府致力于优化农村政策环境和经济环境以鼓励和吸引进城务工农村劳动力回乡。2007 年中央一号文件明确提出，"培育现代农业经营主体。……积极发展种养专业大户、农民专业合作组织、龙头企业和集体经济组织等各类适应现代农业发展要求的经营主体。采取各类支持政策，鼓励外出务工农民带技术、带资金回乡创业，成为建设现代农业的带头人。支持工商企业、大专院校和中等职业学校毕业生、乡土人才创办现代农业企业"。政策上的不断优化扶持，加上 2008 年金融危机爆发致使沿海地区农民工失业严重，催生了一波大规模农民工返乡浪潮。面对农民工返乡潮带来的就业压力，2009 年中央一号文件提出，"落实农民工返乡创业扶持政策，在贷款发放、税费减免、工商登记、信息咨询等方面提供支持。……充分挖掘农业内部就业潜力，拓展农村非农就业空间，鼓励农民就近就地创业"。2010 年中央一号文件重申，"完善促进创业带动就业的政策措施，将农民工返乡创业和农民就地就近创业纳入政策扶持范围"。2013 年中央一号文件针对新型农业经营主体提出，"继续增加农业补贴资金规模，新增补贴向主产区和优势产区集中，向专业大户、家庭农场、农民合作社等新型生产经营主体倾斜""大力支持发展多种形式的新型农民合作组织"。这一时期得益于农村土地承包经营权流转制度的完善和政策的推进，发展农业适度规模经营、培育新型经营主体以促进农村劳动力分工分业使得致力于农业生产的自我雇佣规模不断扩大，创业形式也更加多元化。此外，2013 年中央一号文件还提出，"鼓励和引导城市工商资本到农村发展适合企业化经营的种养业"，首次明确鼓励工商资本下乡，作为外来力量，注入资本的企业家为农村创业带来了新发展理念和新思想。

（二）特征总结

一是农民工返乡创业和农民就地就近创业增加。二是各种新型农业经营主体以及多种形式的新型农民合作组织不断涌现。三是非农创业和以土地、农业生产为依托的农业创业并重，并在农业基础上衍生了旅游、观光、生态等各种新业态，创业形式更加多元化。四是城市工商资本下乡从事农业相关创业项目，带动了农村企业家精神和企业家才能的上升。

四、第四阶段（2015 年至今）：大众创业、万众创新

（一）政策梳理

2014 年，中央政府提出，"大众创业、万众创新"，带来了我国改革开放以来创新创业的第四次浪潮，国家在中央层面出台了相当多的文件以推动"双创"工作。这一阶段精准扶贫战略开始全面实施，农民通过创业实现就业被视作贫困农户脱离贫困的一种重要途径，针对农村创业的各种优惠政策依次发布。2015 年，国务院办公厅印发《关于支持农民工等人员返乡创业的意见》，从简化行政审批、减税降费、加大财政支持、强化金融服务等各方面提供政策支持。2015 年11 月，国务院办公厅印发《关于促进农村电子商务加快发展的指导意见》提出，"到 2020 年，初步建成统一开放、竞争有序、诚信守法、安全可靠、绿色环保的农村电子商务市场体系，农村电子商务与农村一二三产业深度融合，在推动农民创业就业、开拓农村消费市场、带动农村扶贫开发等方面取得明显成效"的发展目标。2016 年11 月，国务院办公厅又印发了《关于支持返乡下乡人员创业创新促进农村一二三产业融合发展的意见》，进一步细化和完善扶持政策措施，鼓励和支持返乡下乡人员创业创新。这一时期创新创业发展的最大特征是，随着互联网技术的发展和物流体系的不断完善，创业门槛

大幅降低，农户通过"互联网＋"的形式就业成本更低，自我雇佣形式更加普及。2017 年，党的十九大将"乡村振兴"战略上升为国家战略，紧接着 2018 年中央一号文件——《中共中央国务院关于实施乡村振兴战略的意见》发布，关于农村创业特别提出，"加强扶持引导服务，实施乡村就业创业促进行动，大力发展文化、科技、旅游、生态等乡村特色产业，振兴传统工艺"，以农民创业带动农村产业振兴。2020 年，人力资源社会保障部、财政部、农业农村部印发《关于进一步推动返乡入乡创业工作的意见》，从政策支持、创业培训、创业服务、人才支撑、组织实施五个具体层面支持农民工、高校毕业生和退役军人等人员返乡入乡创业。此后每年的中央一号文件都对农民就业创业从扩大群体、多元化产业、多形式补贴等方面提出指导要求，引导农户创业促进农民增收的政策期望越来越高。

（二）特征总结

一是互联网技术降低创业门槛，创业群体进一步扩大。二是以电子商务为依托的互联网创业模式得到大力发展，第三产业，尤其是服务业领域的创业规模明显扩大。三是随着精准扶贫和乡村战略推动的实施，政策引导型创业活动不断增加。然而，在追求政策帮扶和享受各种形式优惠的过程中，农民创业选择的自主性却受到了一定的局限。

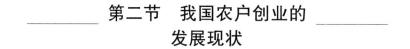

第二节　我国农户创业的发展现状

一、私营经济和个体经济发展情况分析

随着市场经济改革的深入，农民可利用的机会和占有的资源不断多样化和丰富化，职业选择范围不断扩大，自我雇佣形式的创业活动不断增加。发展私营经济和个体经济是解决农民就业和创业的直接途

径，也是农户自我雇佣式创业活动的重要表现形式。图3-1展示了我国私营企业乡村投资者人数、乡村就业人数和乡村个体就业人数的变化情况。可以看出，自1992年以来三者都呈明显的上升趋势。以乡村个体就业人数为例，1992年乡村个体就业人数为1727.5万人，2019年则达到近6000万人（5999.65万人），增长达247%，私营企业的就业和投资人数[①]增长更是分别高达60倍和40倍左右。私营经济和个体经济的指数式发展现状说明，农村创业的总体规模呈上升之势。

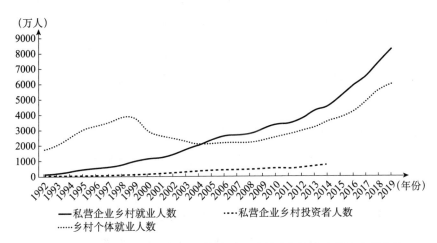

图3-1　1992~2019年私营企业乡村就业人数、投资者人数和乡村个体就业人数变化趋势

资料来源：1993~2020年《中国统计年鉴》。

二、基于中国家庭追踪调查数据的农户创业特征分析

（一）农户创业的界定原则

分析农户创业情况及其影响的第一步是，界定什么样的经济活动

---

① 由于统计制度调整，国家市场监督管理总局2015年以后不再向国家统计局提供"乡村私营企业投资者就业人数"数据，因此该数据只统计到2014年。

是创业或者什么样的经济主体可以被视为企业家，这一直是一个有争议的问题。在职业选择范畴，职业通常被划分为企业家和工人。一个标准是，企业家是拥有一个企业或在某个企业中有经济利益的家庭，工人被认定为所有其他家庭（Lin，2000）。另一个标准是，将企业家认定为户主，在其主要工作中是自营职业者的家庭，而将工人认定为户主受他人雇佣的工人家庭（Quadrini，1999）。专注于职业选择的研究将创业者确定为那些为自己工作的人（自营职业者）。对于注重创新的研究，企业家的识别取决于企业组织内执行的特定任务，强调企业所有权和积极的管理角色。但企业家的正确界定取决于我们想要解决的特定问题，尤其对于应用研究而言，取决于数据的可用性（Quadrini，2009）。大多数实证研究对创业者的主要定义，要么基于个体自营而不是为他人工作的职业，要么基于企业所有权以及积极的管理角色。但实际上，大多数为自己或为家庭工作的人也是创业者。对于将企业家视为技术创新的主要驱动力的研究而言，将创业者确定为自营职业者可能有所缺陷，但对于研究农户家庭创业情况及其影响的研究来说，将以自我雇佣为形式的自营职业者定义为创业者是合适的。自我雇佣是创业的最初形式和重要来源，从广义上讲，所有的自我雇佣活动都可以视为创业的某种形式（宁光杰、段乐乐，2017）。

农业生产活动一方面作为一种典型的自我雇佣式经济活动，依托农业生产的创业活动随着农地流转的放开和农业转型升级而不断发展。另一方面，农地流转和农业转型升级又促进了农村劳动力向非农产业转移。这些转移方式经历了从被雇佣到自我雇佣，再到雇佣他人劳动力，最终成为创造新机会的企业家的职业转变。考虑到现实中从事个体私营活动的创业家庭较少，本书将租入土地从事农业生产活动的部分家庭也视为创业家庭。这种考虑的合理性在于农业生产本身就是自我雇佣式经营活动，对于农村家庭来说是解决个体就业的有效途径（周德水、刘一伟，2018）。现实中，这种经营活动可能是自家小规模的农业生产，也可能是规模经营的农业生态旅游、农家乐、特色种植及种粮大户等，不管是小规模经营还是规模经营，都需要独立决策生产方式，属于自我雇佣的组成部分。另外，根据李长生、刘西川（2020）的研究，土地转入能够促进农民创业，因为土地转入一方面能够满足创业主体的用地需求，激发返乡创业，促进专业大户、家庭农场、农民合作社和农业产业化龙头企业等新型农业经营主体的形成和发展；另一方面可以方便创业农户以合法的土地经营权作为抵押获得融资，一定程度上缓解农户创业的金融约束。因此，将租入土地家庭认定为创业家庭有一定的理论和实际依据。

（二）基于中国家庭追踪调查数据的农户创业认定

根据已有研究对农户创业的界定经验和中国家庭追踪调查数据关于农户创业的调查情况，本书认定的创业农户包括两类：一类是从事个体私营活动的家庭，另一类是流转租入土地经营并且经营性收入在家庭收入构成中占比最大的家庭。

流转租入土地一般是为了扩大农业经营活动，但严谨来说只有租入土地达到一定规模，或者与租入土地相关的经营收入占家庭总收入超过一定比例的家庭才适合被认定为创业家庭。受区域人地资源禀赋差异的影响，按照租入土地规模的某个固定临界值来认定农业创业的方法显然不合适。中国家庭追踪调查数据在 2012 年以后的调查中，并未统计各家庭的土地流转面积，只提供了租入土地成本信息，但是不同地区土地流转价格差异也较大，难以使用某个固定的成本值作为创业认定的界限。此外，与租入土地相关的经营性收入信息缺失也无法准确计算其占家庭总收入的相应比例，因此使用农业经营收入占家庭总收入的比例来界定农户创业存在困难。鉴于此，对于租入土地但未成立个体户或私营企业的这部分家庭，本书将经营性收入在家庭总收入构成中占比最大的家庭认定为创业家庭。根据农村家庭收入构成的总体情况可知，如果家庭租入土地且经营性收入在家庭收入构成中占比最大，说明该家庭主要以经营性活动获得的收入作为经济来源，将其认定为自我雇佣式农业创业家庭是可行的。类似的认定方式可见程郁、罗丹（2009）的研究，他们按农村家庭年度经营纯收入的绝对值大于一定数额，以及农业经营性收入占比超过一定比例的方式认定了特定类型的创业型农户。

依照以上界定标准，根据中国家庭追踪调查数据历次调查问卷，可以对作为本书研究对象的农村创业家庭进行认定。2010 年问卷和2012 年及以后的问卷对于认定创业家庭设置的问题有所不同。2010 年问卷首先询问被访问家庭"去年，您家从事农业生产吗？"，对于从事农业生产的家庭，进一步追问受访家庭拥有的土地面积、经营的土地面积以及转租入的土地面积，如果转租入土地面积大于 0，且经营性收入占家庭总收入的比例最大，则认定该家庭在农业生产领域存在自我雇佣式创业，其创业的产业分类为第一产业。同时，询问受访家庭是否经营非农产业，设置的问题为"您家是否参与经营或完全经营非农产业？"，如果回答"是"，则进入非农经营模块，询问受访家庭经营的是哪一类非农产业（分类为第一产业、第二产业和第三产业）。2012 年及以后的问卷并未延续 2010 年关于具体从事非农产业类型的问题，而是采用了更加直接的问法："过去一年，您家是否有家庭成员从事个体经营或开办私营企业？"，将回答"是"的家庭认定为创业家庭。对于非个体户或私营企业形式的农业自我雇佣活动，2012 年及以后的问卷并未提供租入土地面积的具体信息，通过问卷中"是否租入他人土地"来进行认定。对于回答"是"且经营性收入在家庭总收入结构中占比最大的家庭也认定为创业家庭。

（三）基于中国家庭追踪调查数据的农户创业特征

1. 创业比例偏低，农业创业比例不断下降

表3-1分析了中国家庭追踪调查数据连续5轮调查中，各期农村创业家庭数量及创业比率，各年中选择创业的农村家庭占比大概在10%~14%，其中非农创业的比率比较稳定，但农业创业活动的比例呈逐年下降趋势。随着农村改革的不断深化，农村家庭收入结构中工资性收入平均占比不断上升，经营性收入平均占比不断下降，而本书对农业创业的认定中需要满足经营性收入占比大于工资性收入占比。随着二者之间的平均差异越来越大，农业创业家庭样本越来越少，占创业家庭的比例也越来越低。和同时期的城镇创业情况相比，虽然农村家庭的整体创业比例和城镇家庭相当，但是以个体私营为代表的创业比例明显低于城镇家庭（同时期城镇家庭个体私营创业比例分别为12.15%、11.48%、11.09%、12.79%、12.63%[①]）。

表3-1　　　　　　　　农村创业家庭数量及创业比率统计

年份	创业家庭（户）			创业比率（%）		
	非农创业	农业创业	小计	非农创业	农业创业	小计
2010	538	506	1044	6.99	6.58	13.57
2012	530	366	896	7.44	5.13	12.57
2014	516	297	813	7.33	4.22	11.55
2016	543	303	846	8.01	4.46	12.47
2018	506	222	728	7.49	3.29	10.78

注：2012~2018年，问卷中以个体私营为界定的创业形式无法准确区分到底是农业创业还是非农创业，统一分类为非农创业。

资料来源：根据2010~2018年中国家庭追踪调查数据整理。

2. 各阶层农户创业占比差异明显

在社会阶层不断多元化和复杂化的现实下，不同阶层的经济活动

---

① 资料来源：根据2010~2018年中国家庭追踪调查数据整理。

选择具有较大差异。从收入阶层上看，低收入阶层和高收入阶层面临的资源约束和资本存量情况明显不同，在职业选择动机和结果上也呈现不同的特点。表 3-2 展示了各收入阶层创业农户的占比情况，收入阶层的划分是将所有样本家庭按收入高低排序后进行五等分，1 代表处在收入最低的五分位，5 代表位于收入最高的五分位。表 3-2 显示，不管是个体私营形式创业，还是以租入土地经营的自我雇佣形式创业，占比均随着收入水平的提高而明显增加。最低收入阶层的创业占比远低于最高收入阶层，其中从事个体私营活动形式的创业占比在各阶层间的差异表现更加明显。在其他条件都相同的情况下，这种创业分布的差异一定程度上反映了开展创业活动面临较强的流动性约束。

表 3-2　　　　　　　各收入阶层下创业农户占比情况　　　　　单位:%

收入阶层	2012 年		2014 年		2016 年		2018 年	
	个体私营	自我雇佣	个体私营	自我雇佣	个体私营	自我雇佣	个体私营	自我雇佣
1	8.17	12.63	6.35	15.22	5.9	12.65	6.92	13.12
2	15.34	18.58	12.93	17.49	11.25	16.69	12.06	17.02
3	17.93	21.31	16.10	19.53	18.63	20.86	16.21	20.75
4	20.92	20.80	23.81	22.33	24.35	23.73	25.49	23.79
5	37.65	26.69	40.82	25.44	39.85	26.06	39.33	25.32

注:"个体私营"仅指从事个体私营活动的家庭;"自我雇佣"指从事个体私营活动或流转租入土地经营的家庭。

资料来源:根据 2010~2018 年中国家庭追踪调查数据整理。

3. 农户创业流动性高，持续性低

创业是一种动态化的经济活动，受到个体特征、家庭特征以及外部环境的多方面影响。在这些内外因素的共同作用下，不同的经济主体可能频繁地进入或退出创业。如果被调查对象在上一轮调查中从事创业，在本轮调查中仍然从事创业，则可能是出于良好的创业绩效而保持创业，否则可视为因创业失败而退出创业。表 3-3 统计了不同调查间隔期内农户创业的转变情况，包括保持创业样本和退出创业样本占当年创业样本总数的比例。统计的占比信息显示，在每段短调查间隔期内，退出创业的比例均大于保持创业的比例，而且保持创业样本均占比不足一半。长期内保持创业的样本占比更低，不足 1/3。这说明农户创业流动性高，因创业失败退出创业的占大多数，创业持续性低。

表 3 − 3 农户创业转变情况分析 单位:%

观察期间	保持创业占比	退出创业占比
2012 ~ 2014 年	43.97	56.03
2014 ~ 2016 年	47.06	52.94
2016 ~ 2018 年	39.57	60.43
2012 ~ 2018 年	28.85	—

注：因 2012 ~ 2018 年观察期较长，进入和退出创业情况比较复杂难以统计，因此只展示保持创业的比例。

资料来源：根据 2010 ~ 2018 年中国家庭追踪调查数据整理。

4. 创业规模小且以生存型创业为主

虽然农户创业的流动性高，但是表 3 − 1 显示每年整体的创业比率基本保持稳定，因此本书以 2010 年基线调查为例，来分析创业家庭的各种创业特征。表 3 − 4 统计了农村家庭创业的创业行业、创业形式以及创业动机等类型特征。从创业行业上看，因为本书对农业创业以自我雇佣式经营为认定标准，农业生产经营的自我雇佣性质使得第一产业的占比近一半。随着经营性收入在家庭收入占比中降低，这一比例在随后年份呈明显下降趋势。由于问卷中缺乏农业生产经营形式和经营规模的信息，因此无法获得农业自我雇佣的创业形式和创业类型的相关信息。非农创业主要以第三产业服务业为主，这是符合现实情况的。从创业形式上看，非农业经营创业活动中采取个体工商户形式的创业占主导地位，反映了农村家庭创业规模较小。

表 3 − 4 农户创业特征分析

指标	创业行业			创业形式(个体私营)		创业类型(个体私营)	
	第一产业	第二产业	第三产业	个体工商户	私营企业	生存型	发展型
数量（户）	506	120	418	352	182	384	146
占比（%）	48.47	11.49	40.04	65.43	33.83	72.45	27.55

资料来源：根据 2010 ~ 2018 年中国家庭追踪调查数据整理。

　　表 3-4 中关于创业动机的统计信息来源于 2012 年问卷调查，对于追踪数据来说，有一定的代表性和说明性。从是否雇佣员工为标准识别的创业动机上看，占比 70% 以上的家庭创业属于替代工资性职业的生存型创业，而不足三分之一的家庭进行着以创造和获取新机会为动力的发展型创业。2010 年问卷仅询问了以私营企业形式经营非农产业的总资产、雇佣人数、净利润等信息，而对以个体工商户为形式的非农产业经营并未涉及，因此无法通过创业规模相关信息准确识别创业动机。参考池仁勇、梁靓（2010），本书根据创业行业信息对创业动机进行分类。将从事第二产业以及技术服务、金融、房地产、教育等高附加值的服务行业的创业农户定义为发展型创业农户；将从事农业生产、批发零售、住宿餐饮等进入门槛较低的服务行业的创业农户定义为生存型创业农户。在这种分类下，生存型创业和发展型创业比例分别为 88.13% 和 21.87%（表中未列出）。

　　在熊彼特（Schumpeter，1925）的经济发展理论中，企业家精神被赋予了前所未有的核心角色，创新是资本主义经济增长和发展的动力。熊彼特的创新理论中创新的主体是企业家，这种具有"企业家精神"意义上的创新主体和本书界定的"自我雇佣"意义上的创业主体并不完全重合。严格地说具有"企业家精神"意义上的创新主体只占创业农户中的一小部分，因为大部分农户创业的动机是出于维持生计的生存型创业，是被雇佣工作的一种替代性谋生方式，而不是熊彼特意义上的创新型创业。鲍莫尔（Baumol，1968）则将企业家识别为"创新型企业家"和"复制型企业家"两种类型，并认为"创新型企业家"是推动工业革命和经济增长的主要动力，而"复制型企业家"只在消除贫困方面扮演着重要角色，对经济发展的贡献很小。从我国农户创业的特征分析可以看出，在农户创业主体中，"复制型企业家"占绝大部分。但是在我国农村经济发展历程中，这些"复制型企业家"在改革开放以来，对农村经济增长拉动的贡献却是不容忽视的。

第三节 农村家庭收入结构
及农村收入分配情况分析

农户创业属于自我雇佣式经营活动，在家庭收入结构中属于经营性收入。经营性收入占比越高，在农村家庭收入构成中的重要性越大，对农村整体收入不平等的贡献也越大，创业产生的经济效益和社会价值就越重要。因此，可以通过经营性收入在农村收入构成中的重要性，以及经营性收入对农村内部收入不平等的贡献率来强调农户创业活动对于农村和农村家庭的重要性。同时，收入流动与收入分配高度相关，可以通过农村内部收入分配状况的演变情况来认识收入流动性的重要性。

一、农村家庭收入结构演变情况

改革开放以来，我国农户收入增长的可观性得到了诸多见证，与此同时，收入构成也发生了明显变化。在以家庭联产承包责任制的实施为开端的改革开放初期，农户收入增长主要来源于家庭经营性收入，尤其是农业经营性收入。而作为典型的资源束缚性农业，我国人均耕地资源的不足决定了以农业生产为主的家庭经营收入无法成为农户收入增长的持续动力和源泉。乡镇企业的成立和发展为农民在本地从事非农就业以增加收入提供了机会，城乡收入的巨大差异吸引着农民向城市转移进行非农就业以提高收入水平，工资性收入及其增长对农户收入增长的贡献越来越大，并逐渐成为农村家庭收入结构中的主要组成部分。

（一）宏观数据分析

图 3-2 展示了 2002~2020 年我国农村家庭收入构成中各项收入比例的演变情况，数据来源于历年中国统计年鉴，其中 2002~2012 年为农村居民人均纯收入，2013~2020 年为农村居民人均可支配收

入。可以看出，经营性收入和工资性收入一直是农村家庭收入的主要组成部分，但经营性收入比例不断下降，工资性收入比重不断上升。2015年前后，工资性收入超过经营性收入成为农村家庭收入的最主要来源，但经营性收入的比例依然明显高于财产性收入和转移性收入比例，是农村家庭收入构成中仅次于工资性收入的组成部分。

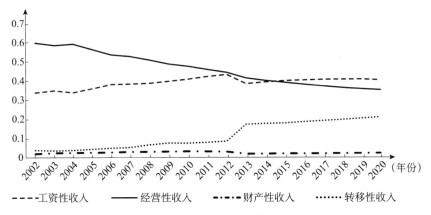

图 3 - 2　2002～2020 年我国农村家庭收入构成变化情况

资料来源：2003～2021 年《中国统计年鉴》。

图 3 - 3 基于图 3 - 2 的基础上，计算出了 2003～2020 年我国农村家庭收入构成各项目对人均纯收入/人均可支配收入增长贡献率的变化情况。因 2013 年开始，国家统计局正式实施城乡一体化住户调查，农村居民收入统计口径由人均纯收入转变为人均可支配收入，统计口径的差异使得 2013 年各收入项目，尤其是转移性收入的贡献率出现了异常波动。但整体来看，工资性收入增长对农村家庭收入增长的贡献率长期以来一直处于第一地位，经营性收入自 2010 年以来对农村家庭收入的贡献率一直较为稳定，维持在 30% 左右的水平。工资性收入和经营性收入对收入增长的贡献率呈现较为明显的此消彼长状态。因此，农户在从事自我雇佣式经营和被雇佣赚取工资之间的职业选择对家庭收入增长变动至关重要。

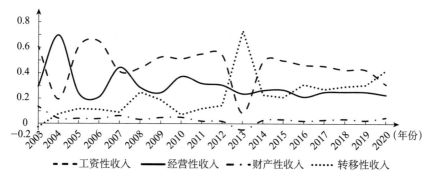

图3-3 2003~2020年我国农村家庭收入构成项目的增长贡献率变化情况

资料来源：2004~2021年《中国统计年鉴》。

（二）微观数据分析

中国家庭追踪调查数据问卷中的总收入是指没有扣除农业生产成本的收入，纯收入是指扣除农业生产成本后的收入。家庭总（纯）收入是五个部分收入的加总，即工资性收入、经营性总（纯）收入、财产性收入、转移性收入和其他收入。其中，经营性收入包括农业生产收入和非农经营收入。人均总收入和人均纯收入是用总收入或纯收入除以家庭成员数量得到的平均收入。中国家庭追踪调查数据定义的家庭成员指样本家户中经济上联系在一起的直系亲属，或经济上联系在一起、与该家庭有血缘/婚姻/领养关系且连续居住时间满3个月的非直系亲属。2010年基线调查中，对农村家庭仅询问了农、林、牧、副、渔等农产品销售收入，未调查家庭自产自消部分的价值。在具体调整时，使用各项农产品的总产量与销售量的差值，计算出农村家庭用于实物消费的农产品数量，并根据市场价格将这部分消费折算为收入，然后与已知的出售农产品所得的总收入或纯收入相加，得到家庭农业生产的总收入或纯收入。2012年及以后的调查对收入项目进行了细化和补充，导致收入项目与2010年的不可比，这给比较收入随时间的变化研究带来一定的困难。通过比对两期调查问卷的收入项目，剔除不可比的项目，可以生成一组与2010年数据可比的2012~2018

年家庭收入变量。

基于中国家庭追踪调查数据家庭微观调查中的收入数据，表3－5和表3－6展示了基于微观数据的样本家庭调查期间收入结构演变情况，各项收入占比计算方式为样本家庭各项收入占家庭全部纯收入比例的样本均值。与宏观数据一致，工资性收入始终占农村家庭收入结构的主导地位，经营性收入（包括农业经营收入和非农业经营收入）的占比虽有所下降，但仍然是农村家庭收入来源的重要组成部分。转移性收入重要性逐渐上升，这可能得益于国家对农村的各项优惠扶持政策，尤其是精准扶贫工作的开展。经营性收入在构成比例上虽然明显低于工资性收入，但依然占据农村家庭收入构成的第二大比例，且大于财产性收入、转移性收入和其他收入所占比例之和，对农村家庭收入的影响依然是重大的。而家庭创业所产生的收入与经营性收入直接相关，农村家庭创业活动对农村家庭收入变化依然会产生重要影响。

表3－5　　　　　2010～2018年农村家庭收入结构分析
（2010年收入统计口径）　　　　　　单位：%

指标	2010 年	2012 年	2014 年	2016 年	2018 年
工资性收入	49.27	42.83	54.68	56.17	61.02
经营性收入	33.36	34.86	21.88	19.60	12.66
财产性收入	0.95	1.98	1.71	1.78	1.95
转移性收入	10.70	13.44	17.39	16.90	16.53
其他收入	4.95	6.89	4.34	5.55	8.36

资料来源：根据2010～2018年中国家庭追踪调查数据整理。

表3－6　　　　　2012～2018年农村家庭收入结构分析
（2012年收入统计口径）　　　　　　单位：%

指标	2012 年	2014 年	2016 年	2018 年
工资性收入	45.89	48.22	52.53	52.48
经营性收入	33.84	29.54	24.23	21.14
财产性收入	1.47	1.20	1.46	1.75
转移性收入	12.76	12.34	17.65	16.85
其他收入	6.04	4.03	4.12	8.45

资料来源：根据2010～2018年中国家庭追踪调查数据整理。

二、农村内部收入分配状况分析

（一）农村内部收入不平等情况

改革开放带来农户收入增长的同时，也推高了农村居民内部收入不平等的程度，以基尼系数衡量的农村内部收入不平等逐渐攀升（周兴、王芳，2010；田卫民，2012；严斌剑等，2014）。继2012年国家统计局不再对外公布居民收入基尼系数之后，对居民收入基尼系数的计算越来越依托于微观调查数据的使用。借鉴严斌剑等（2014）基于农业部农村固定观察点1986～2010年农村家庭人均收入基尼系数的计算结果数据（如图3－4所示），可以看出农村内部收入不平等程度在1986～2002年逐渐加剧并跨越0.4的警戒线，随后不断攀升，2003年之后虽然有了暂时性的下降，但是2008年受金融危机的影响又开始呈上升趋势。中国家庭追踪调查数据，对2012～2018年农村家庭人均收入基尼系数接着进行测算，结果见表3－7。可以看出，由中国家庭追踪调查数据计算出的农村家庭人均收入基尼系数依然偏高，表明农村内部收入不平等程度更高，这与农村收入结构的转变有很大的关系。

图3－4　1986～2010年中国农村家庭人均收入基尼系数

资料来源：严斌剑，周应恒，于晓华. 中国农村人均家庭收入流动性研究：1986—2010年［J］. 经济学（季刊），2014, 13（3）：939－968.

表 3 – 7   2012 ~ 2018 年农村家庭人均收入基尼系数

指标	2012 年	2014 年	2016 年	2018 年
按各年实际收入计算	0.470	0.488	0.460	0.477
按 2010 年可比收入计算	0.478	0.488	0.494	0.511

资料来源：根据 2010 ~ 2018 年中国家庭追踪调查数据整理。

（二）按收入来源对农村家庭人均收入基尼系数的分解

根据微观数据按收入来源和构成对农村家庭人均收入基尼系数进行分解（见表 3 – 8）。与收入结构的变动趋势相对应，农村家庭收入不平等的主要来源在于工资性收入的影响，对收入不平等的贡献超过了 60%。与转移性收入占农村家庭收入比例上升明显的趋势相对应，转移性收入对收入不平等的贡献也呈明显上升态势，与经营性收入对收入不平等的贡献率接近。虽然经营性收入对内部收入不平等的贡献率不断下降，但依然占据着第二重要地位。

表 3 – 8   按收入来源对农村家庭人均收入基尼系数的分解结果

指标	2012 年	2014 年	2016 年	2018 年
基尼系数	0.470	0.488	0.460	0.477
工资性收入（%）	60.96	64.52	60.92	66.70
经营性收入（%）	24.73	20.37	18.58	14.37
财产性收入（%）	0.86	0.70	1.66	1.47
转移支付收入（%）	10.37	12.36	16.53	13.95
其他收入（%）	3.08	2.05	2.31	3.51

资料来源：根据中国家庭追踪调查数据整理。

（三）农村内部收入极化情况分析

除了以基尼系数衡量的收入不平等可以反映收入分配情况以外，收入的两极分化状况也是收入分配情况的一个表现方面。收入极化是指一个国家或地区收入空间中，个体收入向两个独立极点或多个极点聚拢和集中的现象，随着时间推移形成了规模和收入水平相近的两个或者多个收入群体（Esteban & Ray，1994）。收入极化情况反映收入分布的个体群聚现象，对阶层分化或阶层固化现象有重要启示，同时与收入在不同阶层间的流动紧密相关。对于基尼系数相同的两组收入分布，可能呈现出不同的收入两极分化趋势，从而其收入阶层分布和收入流动演变趋势也存在明显不同。

1. 高低收入组收入差异情况

根据国家统计局公布的农村收入五等分组数据，该数据将农村居民按收入平均水平分为五等分组（分别为低收入组、中低收入组、中等收入组、中高收入组和高收入组），每一分组可视为一个收入阶层，低收入组和高收入组的收入差异可以作为收入分配两极分化趋势的一个表现特征。图 3-5 描述了 2002~2020 年我国农村高低收入组平均收入增长率变化情况，以及高低收入组的平均收入比值。可以看出，低收入组的平均收入增长率远不如高收入组稳定，波动十分明显，且在有些年份呈现负增长态势，反映了低收入组的收入不稳定性，面临贫困陷阱的危机，而高收入组的收入则呈稳步增长态势，阶层固化明显。除此之外，高低收入组的比值呈波动上升态势，且 2016 年以来下降趋势明显，这可能主要得益于精准扶贫工作有序推进下的转移性收入的减贫与再分配功能，拉动了低收入群体收入以较快的速度增长。高低收入组收入比值的波动上升从另一个方面反映了贫富差距的进一步拉大，两组增长率波动的迥然不同反映了高低收入阶层均缺乏流动性，阶层分化和固化趋势显著。

2. 高低收入组财产分布情况

财产分布情况和收入分配状况对居民来说至少具有同等重要的地位，收入不平等的不断积累的结果是财产分布的不平等，财产分布的不均会通过财产性收入和收入波动缓冲机制加剧收入不平等（罗楚亮，2011；2018）。虽然从农村收入构成上看，财产性收入在农村家庭收入结构中所占的比例非常小，但是作为财产构成主要组成部分的可交易房产在塑造农村收入分配过程中发挥着一定的作用。对于大部

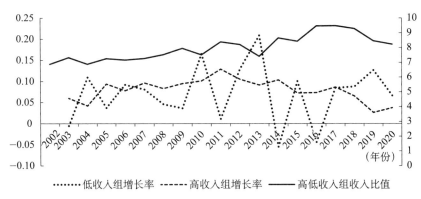

图 3 - 5　2002～2020 年农村高低收入组收入增长率及收入比值

资料来源：2003～2021 年《中国统计年鉴》。

分农村家庭，其财产主要由土地、宅基地、其他产权房产和金融资产构成，随着农村劳动力转移，土地的经济功能不断下降，宅基地的居住功能有所降低，二者在农村家庭中的财产地位也在不断降低。与之对应的是，为了满足子女教育和婚姻需求，农村家庭收入的大部分都用于在城镇购置房产，购置房产后金融资产存量将显著降低。是否拥有其他产权房产直接影响着农村家庭的经济活动选择（于潇、Peter-Ho，2015），从而也会对收入构成和收入分配产生影响。高低收入组所拥有的财产占比可以反映财产的极化分布程度，高收入组拥有的财产比例越高，低收入组拥有的财产比例越低，则财产的极化程度越高，从而财产分布越不平等。财产分布极化下，高收入阶层因为拥有更多的财产性收入和更大的收入波动缓冲能力，从而更可能保持住高收入地位；相反，低收入阶层则更加难以实现阶层的向上流动，收入极化和阶层固化的趋势将进一步加强。

表 3 - 9 是根据 2010～2018 年中国家庭追踪调查数据计算的家庭总收入，在前 20% 和后 20% 的农村家庭财产拥有占比情况。为了更加客观地反映家庭财产的实际拥有情况，这里的财产是指家庭净资产，即家庭总资产与家庭总负债之差，家庭资产包括土地、房产、金

融资产、生产性固定资产和耐用消费品，家庭负债包括住房负债和非住房负债。表 3 - 9 显示，低收入组农村家庭的财产占比呈明显的递减趋势，占比逐渐减少至 10% 以下，而高收入组农村家庭的财产占比则呈上升趋势，占比逐渐超过 40%，财产极化和阶层固化程度进一步上升。

表 3 - 9　　　　　　　　高低收入组农村家庭的财产占比情况

指标	2010 年	2012 年	2014 年	2016 年	2018 年
高收入组（%）	38.56	34.689	37.85	43.08	42.76
低收入组（%）	9.21	10.91	10.76	8.29	7.83
样本量	7073	6199	6343	6587	6428

注：表中的样本量是删除了家庭总收入和家庭净资产缺失值后的样本家庭数量，家庭总收入和家庭净资产数据均在前后 1% 处进行了缩尾处理。2010 年调查的家庭收入具体构成内容与之后年份调查不一致，但家庭净资产的构成和计算方式是一致的。

资料来源：根据 2010 ~ 2018 年中国家庭追踪调查数据整理。

基尼系数表现的收入不平等是特定年份或期间的收入分配状况的静态体现，由于没有考虑收入流动，其逐年上升并不能反映持久收入差距扩大。在一个拥有较大基尼系数的社会，如果收入在各阶层间的流动性比较强而且比较频繁，即使当下收入差距明显，只要收入存在向上的流动性机制，则机会对于各阶层和各群体居民都是均等的。获得同等收入水平的机会使得各阶层的人口分布和收入分布不断动态调整，避免阶层固化和收入极化情况的持久。因此，仅基于截面数据计算的收入不平等指标不能很好地反映社会收入分配结构的整体面貌及其动态变化，也不能反映相同个体或群体的连续收入分布变化或生命周期内的实际不平等状况。从福利主义角度考虑，基于截面数据估计的两个社会即使具有相同的收入不平等指标，但它们带来的社会福利却不一定相同。一般来说，收入流动性越高，社会福利相对会更好，如果收入流动性低，则高收入阶层的自我加强机制和低收入阶层的贫困陷阱效应会造就"穷者愈穷、富者愈富"的局面，从而收入极化程度上升。

—————— 第四节 本章小结 ——————

  改革开放至今,农村创业政策演变以市场化为导向,致力于逐步提高土地、资本和劳动力等要素资源的市场化配置程度,同时在努力实现市场化转型的基础上,不断加大对农村创业活动在行政、税收、财政、金融方面的优惠支持力度,提供多元化的补贴。在这种政策演变逻辑下,农户创业呈现群体不断扩大、地域不断延伸、形式不断多元化的总体特征。宏观数据统计显示,乡村私营经济和个体经济规模自1992年开始呈明显扩大之势,农村创业环境不断优化。微观数据观察显示,农户创业的特征表现为创业家庭占比偏低、高收入阶层创业为主、创业持续性差且创业规模偏小。农户创业属于经营性活动,在家庭收入结构中占有重要地位,并对农村整体收入分配产生一定影响。宏观数据统计显示,农村家庭收入结构中工资性收入不断上升成为家庭收入的最主要构成部分,虽然经营性收入占比不断下降,但依然在农村家庭收入结构中占据重要地位,对农村收入增长的贡献率仅次于工资性收入。微观数据观察可知,农村家庭内部收入不平等一直处于高位,按收入来源对农村家庭人均收入基尼系数的分解结果显示,经营性收入对不平等的贡献率仅次于工资性收入。此外,按农村高低收入组增长率差异表示,农村内部收入极化程度不断上升;按高低收入组家庭财产占比计算的财产分布情况显示,高收入组家庭拥有的财产占比不断上升而低收入组家庭不断下降,农村内部财产极化程度不断上升。收入分布极化和财产分布极化相互影响的结果是,农村内部阶层固化状况加剧,农村收入流动问题值得重视。低收入流动可能会强化现有的收入分配不均状况,使得收入差距进一步扩大,收入两极分化程度更加严重。创业活动直接决定家庭经营性收入的高低,对创业家庭的收入构成产生重要影响，进而对农村整体收入结构产生一定影响，更进一步地影响农村整体收入分配及经营性收入对农村收入不平等的贡献率。除了影响收入结构外，创业活动还可能通过影响农村内部收入流动程度和流动质量，进而作用于农村整体收入分配结果。这与目前农村内部收入极化和阶层固化状况直接相关。

第四章 农村家庭收入流动性分析

第三章中对于农村居民收入不平等的测度，如基尼系数、极化指数等指标都具有匿名性，只考虑整体的收入分配状况，未考虑构成不平等的群体之间存在的内部差异性。根据不同的收入水平，可以将收入总体分成不同的收入阶层，每一个收入阶层都具有相应的群体内部特征。对收入不平等的影响是收入流动的重要内涵之一，收入流动性作为收入分配的动态分析，是研究收入不平等必须要考虑的问题，与社会福利密切相关。

第一节 收入流动的社会福利体现

收入流动对个人、家庭和整个社会都具有重要意义。从微观角度看，不管是传统社会还是现代社会，改变命运、跻身上层社会一直是许多人追求的人生目标。在市场经济不断深化下，除了权力配置资源背景下对获得政治身份的追求外，家庭或个人收入的获得与提升变得更加重要。从宏观角度看，收入流动对经济增长、社会稳定和收入分配都至关重要。

（一）收入流动与经济增长和社会稳定

发展中国家的经济增长是摆脱贫困的根本途径，不同群体从经济增长中获益程度的巨大差异则一直是经济增长研究中一个不能忽视的问题。简单地比较收入分配的变化，不能回答群体间收入是分化还是收敛，以及初始收入是否存在历史依赖性等问题，只有通过揭示不平等和贫困的演化才能得到答案。收入流动分析的目标是通过追踪一段时期内家庭收入的变动，展示家庭福利的动态演化，区分出不同收入阶层在经济增长过程中收益程度的大小。因此，收入流动成为中低收入阶层中的"草根"一族冲破现有社会制度、社会习惯和家庭出身制约的重要通道，机会平等机制赋予其分享经济增长成果的同等机会，更有动力跻身于更高的社会阶层。

但市场经济发展中的效率优先原则难免会在一定程度上忽视公平的兼顾，从而扩大收入差距。高度的收入分化不断积累，会导致贫富差距不断扩大的社会现实，进而积累和加剧各种社会冲突。自改革开放以来，虽然我国的不平等程度处于不断上升趋势，但我国社会却一直保持着基本稳定。究其原因，政治体制和社会文化是不可忽视的因素，而社会和经济上的流动性却往往被忽略。改革开放以来，各种制度性控制因素的逐步消除，劳动力要素在地域间、部门间和行业间的市场化交易和流动，多种经济形式的崛起促进了收入来源的多样化构成，并提高了收入流动性。劳动力要素的自由流动提高了劳动生产率和人力资本积累水平，人力资本积累在提高收入方面的作用激励着社会加大教育投入，最终有利于社会效率的提升。

（二）收入流动与收入分配

收入流动和收入不平等之间是变化过程和变化结果的关系。流动性的存在导致不平等随着观察时间的延长而减少，不平等程度的下降将与相对收入变化的频率和幅度直接相关（Shorrocks，1978）。如果收入结构表现出很小的流动性，相对收入将随着时间的推移或多或少保持不变，随着测度周期的增加，不会出现明显的平等主义趋势。相反，在一个收入流动性很强的社会里，不平等可能会显著减少。收入流动性的引入使得传统的"经济增长—收入分配"分析框架进一步扩展为"经济增长—收入分配—收入流动—收入平等"框架。收入流动从公平和效率两个角度改善收入分配情况（权衡，2008）。一方面，收入流动可以分散经济主体生命周期内的总收入分布不平等；另一方面，收入流动性越高，经济主体在劳动市场上的自主程度越大，职业流动越频繁，劳动力资源越能实现优化配置，经济效率越高。

国内众多的研究也从多方面证实了收入流动对收入不平等的缓解作用。周兴、王芳（2010）实证发现，各时期的居民收入流动都有利于缓解长期收入差距的扩大，居民收入流动平滑了短期收入差距，使得长期居民收入差距趋向缓解。通过城乡对比发现，农村收入增长的累进性更高，低收入阶层的收入增长更明显，因此农村居民收入流动性对长期收入差距的收敛作用更强。杨穗、李实（2016）通过比较不同地区城镇和农村家庭不同时间段内的基尼系数和收入流动测度指标发现，收入流动性越强，基尼系数降幅会越大，更高的收入流动性对收入的均等化分布更有利。相反，收入流动性的下降，不仅不利于地区内部收入差距的缩小，也不利于整体不平等程度的缓解。

第二节　收入流动性的测度方法

一、收入流动程度的测度方法

（一）相关系数

早期对收入流动的测度比较直观和简便，对两期收入的相关程度是最早且经常使用的方法之一。当期收入和上期收入之间的相关性越强，则个体收入决定模式的惯性率越高，收入流动性越弱。具体的指标有基于皮尔森相关系数（r）和秩相关系数（ρ）两种，其中秩相关系数因为考虑了不同收入种类之间的联系和区别，因此被认为优先于皮尔森相关系数（Hart，1976）。这种基于相关系数的测度方法有助于方便直观地理解收入流动的实质，但是无法反映和量化个体收入流动的方向和改变的幅度，也无法进行收入流动性的有关计量分析。有学者在当期收入影响因素的计量分析中引入上期收入作为主要变量（$Y_2 = \alpha Y_1 + \beta X + \mu_{it}$），以系数 α 的大小衡量收入流动性（Jarvis & Jenkins，1998），这比简单使用相关系数在测度方法科学性上更近了一步，但体现的本质上还是两期收入之间相关性且依然无法量化收入流动的方向和幅度。

（二）收入转移矩阵

为了科学地测度收入流动及其方向，人们提出了许多随机框架。最初的研究可以追溯到钱珀瑙恩（Champernowne，1953）讨论的模型中，其假定收入在可量化的无穷多个收入区间之间的分配是通过一个随机过程来发展的。在各种前提假设下，收入变化在遵循马尔科夫过程下将渐进服从于帕累托定律分布。收入变化的马尔科夫过程的隐含意义是当前或未来的收入变化并不依赖于历史收入。虽然最初的构想是解释观测收入频率分布的特征形式和稳定性，但这些模型也提供了收入流动性的简单说明与收入转移矩阵的雏形。转移矩阵是最有力，也是使用最普遍的测度收入流动性的方式，普雷斯（Prais，1955）最先使用转移矩阵来量化社会阶层的代际流动情况，而基于随机过程的一般意义上的收入转移矩阵是由阿特金森等（Atkinson et al.，1992）总结的。收入转移矩阵的原理是计算在 t 期处于第 i 级收入水平的个人，在 $t+1$ 期转向第 j 级收入水平的概率 p_{ij}，i 和 j 是收入按从低到高排列中的某个等级，等级数量的设定可由研究者自行确定，以不同的分位数表示。收入转移矩阵是目前研究中最为广泛认同的收入流动性测度指标。根据收入转移矩阵，可以计算一系列反映流动性程度的统计量指标，如迹指数、惯性率、亚惯性率、平均阶差等，这些指标在衡量流动性质量上对流动性测度进行了良好的补充。

但是收入转移矩阵方法也存在一定的不足。首先，基于经典马尔科夫假设的不变性在许多实证检验中被拒绝。夏洛克斯（Shorrocks，1976）指出，实际数据的模拟结果显示，短周期叠加计算的收入转移不变的个体数量明显低于直接使用长周期计算的个体数量，说明收入转移过程是马尔科夫运动过程的论断可能并不可信。其次，收入转移矩阵方法严重依赖于收入分组的细分程度，分组越细得到的收入流动越强。最后，收入转换矩阵只能反映组间流动性而无法反映组内流动性。利拉德和威利斯（Lillard & Willis，1978）认为，马尔科夫模型具有必须预先确定收入阶层发生转变的数量和宽度，无法处理人口异质性问题和假设转移概率随时间保持不变等缺点，因此提出了用计量经济学方法将收入函数拆分为生命周期收益中的永久性成分和暂时性成分构成，观察个体收入落入（高于）特定贫困线的概率，以及概率在给定时间序列内的分布状态来描述个体在收入阶层之间的流动性。

（三）公理化方法

虽然基于收入转移矩阵还可以计算一系列流动指数（如流动比率、不流动比率、Hart 指数等），但这些指标都是描述性的，且其度量并未经过公理化的检验，以致每一个指标的内涵及其运用都存在特殊性。接着，很多研究者提出了通过满足收入流动性等一系列性质来进行流动性测度的公理化方法。夏洛克斯（Shorrocks，1978）定义了满足一系列公理化假设的相对收入流动性测度指标，该指标的大小取决于相应收入转移矩阵的迹。迹越小，则说明上期处于某收入等级的个体本期仍处于该收入等级的可能性越小，因此，收入流动越强。该指标能较准确地反映特定群体的收入在长期内是否以及在多大程度上发生相对位置变动，但其不足之处在于无法反映由于经济增长或萎缩带来的收入水平的绝对变动。菲尔兹和欧克（Fields & Ok，1996）接着提出了绝对收入流动性的公理化测度方法，并通过对绝对收入流动性进行分解，以寻求流动性的来源。他们使用一个满足一系列收入流动性公理的经济距离函数作为测度指标，并将其分解为两部分：一部分是收入总量不变时的内部转移支付流动，另一部分是经济增长时收入总量增加产生的流动。米特拉和欧克（Mitra & Ok，1998）利用公理化流动指数提出了一种对收入流动性进行部分排序的方法，该方法对收入流动测度进行了补充。

（四）福利主义方法

一部分学者提出了流动性测度的福利主义方法（Shorrocks，1978；King，1983；Chakravarty，1983，1985；Markandya，1984；Dardanoni，1993），流动性对社会福利产生积极的影响，流动性越大的社会其社会福利越高。这种方法以流动性减少的生命周期不平等性与每年的不平等性相比较的比率来测量收入流动性的程度。夏洛克斯（Shorrocks，1978）构建了满足转移原则的收入不平等指数（$I = 1 - f(Y/\mu)$），其中 Y 是表示收入分配状况的向量，μ 是收入的均值，f 是具有严格拟凹且线性齐次性质的社会福利函数。该指数可以被解释为社会福利的相对损失，值越大则不平等状况越严重。类似地，衡量收入流动性的指标（$1 - R$，R 为收入刚性指数）从社会福利角度解释则是指如果通过公平分配实现相同水平的社会福利，即人均可节省的收入额。金（King，1983）将社会福利函数表示为关于流动性指数参数的函数，使用福利函数的性质以及流动性指数和社会福利函数之间的映射关系来描述不平等状况，同时将不平等分解为横向不平等和纵向不平等，并以事前和事后在所属收入分布中收入的顺序变化来表示。福利主义方法的一个隐含是流动性指标的形式依赖于不平等指标的选择，不平等指标的选取不同，流动性排序并不完全一致。

二、收入流动质量的测度方式

以上各种收入流动测度方式只侧重于对收入流动程度的高低进行度量，无法有效评价收入流动的质量以及收入流动性的分解构成。收入流动来源于内部转移支付还是经济增长，这直接决定了群体的整体福利水平。克尔曼（Kerm，2004）将收入流动分解为收入分配形态变化（结构效应）和收入等级重新排序（交换效应）两个来源，并将"结构性"因素进一步分解为经济增长（或收缩）引起的流动和收入差距变化引起的流动两个要素。对比利时、德国和美国的实证分析比较中，不同国家相应的收入流动性主要来源也是不同的。王洪亮等（2012）提出了"收入流动质量"概念，使用各阶层收入向上/向下流动比率指标来衡量，反映中国居民获取收入的机会是否公平。除了收入流动质量问题，还有一部分研究对收入流动性进行了技术上的分解，以识别收入流动的主要来源。克尔曼（Kerm，2004）将整体流动性分解为三个部分：由于重新排序带来的互换流动、由于经济增长带来的增长流动和由于收入再分配带来的分布流动。雷欣、陈继勇（2012）还使用 CHNS 数据和"反事实"分解技术，从平均收入增长、收入份额变动和收入排序变动三部分对收入流动性进行了结构上的分解。胡霞、李文杰（2016）同样基于 1989～2011 年 CHNS 数据，将城乡收入流动分解为结构性流动和交换性流动，并使用面板回归模型实证检验了城乡收入流动对长期收入均等化的内在影响机制。这些研究对收入流动的测度进行了多方面补充。

三、收入流动测度指标的计算

基于不同的收入流动性内涵，对应有不同的收入流动性测度方法。本书在衡量收入流动程度时，使用收入转移矩阵和各种公理化指标；在衡量收入流动质量时，使用各阶层收入向上/向下流动比率指标来衡量。

(一) 收入转移矩阵

早期的收入流动性测度指标大都是直觉意义上的，比如，两期收入的皮尔逊相关系数，相关系数越大，流动性越低。鉴于相关系数无法反映和量化个体收入流动的方向和改变的幅度，社会学家和经济学家借鉴数学家对一阶马尔科夫过程的随机性质的研究工具——转移矩阵，将其运用于社会阶层和收入流动中，成为研究收入流动的基础性工具。在分析收入流动性时，使用的均为双随机矩阵。

$$p(x,y) = \left[p_{ij}(x,y) \right] \in R_+^{n \times n} \tag{4.1}$$

其中，$p_{ij}(x, y)$ 表示个体在基期第 i 类收入等级转移到末期第 j 类收入等级的概率，n 是收入的等级划分数，一般用收入分位数表示，常见的有五分位数（$n=5$）、十分位数（$n=10$）和二十分位数（$n=20$），甚至也有百分位数，研究者可根据需要自行设置。一般来说，对于相同的收入纵向数据，收入等级划分得越细，流动性表现得越明显。以五分位数为划分标准的转移矩阵如下所示：

$$P = \begin{pmatrix} p_{11} & p_{12} & p_{13} & p_{14} & p_{15} \\ p_{21} & p_{22} & p_{23} & p_{24} & p_{25} \\ p_{31} & p_{32} & p_{33} & p_{34} & p_{35} \\ p_{41} & p_{42} & p_{43} & p_{44} & p_{45} \\ p_{51} & p_{52} & p_{53} & p_{54} & p_{55} \end{pmatrix} \tag{4.2}$$

上式矩阵 P 代表个体在从低到高的划分的不同收入层次之间的变化，矩阵中的每一个元素代表的是概率，取值在 [0，1] 之间。鉴于该矩阵为双随机矩阵，因此矩阵的每一行和每一列元素之和都为1。该转换矩阵的行表示期初所处的收入等级位置，列则表示期末所处的收入等级位置，那么 p_{ij} 就表示期初处于第 i 收入等级在期末收入处于

第 j 收入等级的个体比例，主对角线上的元素则表示期初处于第 i 收入等级而期末仍然处于第 i 收入等级的个体比率，其值越大，则收入流动性越小。基于借鉴的数学意义，该转移矩阵依赖的基本假设是转移概率满足一阶马尔科夫过程，即末期的收入只与基期的收入相关，与其他各期无关。

基于收入转移矩阵可以构造一系列流动性测度指标，主要有惯性率、亚惯性率和加权平均移动率。惯性率是指期初和期末相对收入等级保持不变的个体所占比例，一般由转移矩阵对角线元素的算术平均值得出。

$$\frac{1}{n} \sum_{i=1}^{n} \sum_{j=i}^{n} p_{ij} \tag{4.3}$$

该值越大，收入位置保持不变的人口比例越大，收入流动性越低。亚惯性率计算的是相对收入等级保持不变的人口比例，相对位置不变不仅指收入位置在基期和末期未发生变化，还包括末期的收入位置相对于基期向上或向下只变动一级的人口比重，即：

$$\frac{1}{n} \sum_{i=1}^{n} \sum_{j=i-1}^{i+1} p_{ij} \tag{4.4}$$

加权平均移动率以移动概率为权重，对移动幅度进行加权平均，并对移动的方向进行无区别对待，不区分向上还是向下流动，该值越大则流动性越大。

$$\frac{1}{n} \sum_{j=1}^{n} \sum_{i=1}^{n} |j - i| \, p_{ij} \tag{4.5}$$

加权平均率考虑了各组的变动，相较于仅考虑主对角线或主对角线以外只移动一级的移动概率的惯性率和亚惯性率，其更加全面，对移动级数的加权处理也更加科学。

（二）公理化方法

虽然基于收入转移矩阵还可以计算一系列流动指数，但这些指标都是描述性的，且其度量并未经过公理化的检验，以致每一个指标的内涵及其运用都存在特殊性，同时，使用时并不一定能得到一致性结论。鉴于此，可以使用通过满足收入流动性等一系列性质并提出满足这些性质的测度指标来进行流动性测度的公理化方法。

1. 相对主义测度指标

相对主义的公理化测度指标最早由夏洛克斯（Shorrocks，1978）提出，他探讨了以转移矩阵构建流动性指标时所涉及的问题，提出了满足标准化、单调性、不流动性、完全流动性的流动性指标测度性质。同时，针对转移矩阵观测周期的不同，他提出了进行流动性比较所满足的期间一致性和期间不变性性质。但这些性质并不能同时被满足，因为其中的某些性质相互之间是冲突的。为了使各种性质之间得到最大的相容性，夏洛克斯将讨论的转移矩阵集中于拟最大化对角线（quasi-maximaldiagonal）矩阵，即存在正的 μ_1，μ_2，$\cdots$，μ_n 使得对所有的 i，j，$\mu_i p_{ii} \geqslant \mu_j p_{ij}$。在将讨论仅限于拟最大化对角矩阵时，可以定义基于转移矩阵迹的流动性指标。

$$M(P) = \frac{n - tr(P)}{n - 1} \tag{4.6}$$

其中，n 是划分的收入等级数，$tr(P)$ 是转移矩阵 P 的迹。当 $tr(P) = 1$ 时，$M(P) = 1$，符合完全流动性性质；当 $tr(P) = n$ 时，$M(P) = 0$，符合不流动性性质，实现在公理化假设上的一致性。

2. 绝对主义测度指标

绝对主义测度指标作为相对主义测度指标的重要补充，主要以菲尔兹和欧克（Fields & Ok，1996；1999）为代表，在考虑收入流动性等一系列基本属性下，提出了能够满足所有这些属性的度量方法。与集中收入份额或排名顺序变化的相对主义测度不同，绝对主义测度主要关注个体收入的总体变化，采用公理化的方式开发一种测量收入总体变动的方法。菲尔兹和欧克使用距离函数 $d_n(x,y)$，代表当个体的收入水平由 $x \rightarrow y$ 时的总体绝对收入流动性，其中 n 代表总体中的人口数量。为了便于在不同人口规模的纵向数据之间进行比较，在实际应用中还可使用人均流动性测度和百分比流动性测度，分别为 $\dfrac{d_n(x,y)}{n}$ 和 $\dfrac{d_n(x,y)}{\sum_{i=1}^{n} x_i}$。按照菲尔兹和欧克的观点，绝对主义测度需要满足的公理化假设有线性齐次性、平移不变性、标准化、强（弱）可分解性、总体一致性、增长敏感性、个人主义贡献等，而满足以上公理化假设的 d_n 函数唯一存在为：

$$d_n(x,y) = \left(\sum_{i=1}^{n} | x_i - y_i |^{\alpha} \right)^{\frac{1}{\alpha}} (\alpha > 0) \tag{4.7}$$

其中，α 选择的主观性使得：

$$d_n(x,y) = \sum_{i=1}^{n} | x_i - y_i | \tag{4.8}$$

这一特殊的绝对线性函数也满足以上的公理化假设，进而有对应的人均流动性指标（4.9）和百分比流动性指标（4.10）：

$$m_n(x,y) = \frac{1}{n} \sum_{i=1}^{n} | x_i - y_i | \tag{4.9}$$

$$p_n(x,y) = \frac{\sum_{i=1}^{n} | x_i - y_i |}{\sum_{i=1}^{n} x_i} \tag{4.10}$$

以上指标将收入的增加和减少视为同等的流动性，即不考虑收入流动的方向。如果考虑收入流动的方向则收入流动性的计算公式变为：

$$d_n(x,y) = \sum_{i=1}^{n} (x_i - y_i) \tag{4.11}$$

菲尔兹和欧克（Fields & Ok，1999）接着又提出了收入流动测度的四个基本属性：规模不变性、对称性、子群可分解与乘法路径可分离。规模不变性是指当所有人的收入按相同的比例增加或减少时，流动性测度值不随收入的变化而改变；对称性是指对收入的变动不区分向上还是向下，不从福利主义的角度看待收入的增加和减少；子群可分解是指总体流动性水平可以计算为子群体流动水平的加权平均值，其中权重为子群体所占的人口份额，总收入变动可以通过加总个体收入水平变动得来；乘法路径可分离是指在两个连续的间隔期内，收入在这两个间隔期内变化的倍数的乘积等于整个期间收入变化的倍数。在以上四个公理化假设下，流动性测度可用函数唯一地表示为：

$$m_n(x,y) = c\left(\frac{1}{n}\sum_{i=1}^{n}|\log y_i - \log x_i|\right) \tag{4.12}$$

如果考虑收入变动的方向，则需要摒弃对称性公理假设，得到的测度函数为：

$$m_n(x,y) = c\left(\frac{1}{n}\sum_{i=1}^{n}(\log y_i - \log x_i)\right) \tag{4.13}$$

式（4.12）和式（4.13）中的 c 为常数且 $c > 0$。菲尔兹和欧克指出，在以上较强的四个公理化假设下，只有总对数收入人均变化才是符合所有假设的测度方法。

（三）收入流动质量指标

参照王洪亮等（2012）的研究，本书计算所有农村收入阶层的向上/向下流动比率，从平均意义上考察向上流动和向下流动的力量对比。另外，介于中间阶层在社会中的特殊地位，本书还计算中间阶层收入向上/向下流动比例，中间阶层收入地位改善的可能性大小更能代表收入流动质量的高低。收入流动质量（mobility quality）指标的计算如下：

$$MQ_{up} = \frac{\sum_{i=1}^{i=n-1}\sum_{j=i+1}^{j=n}p_{ij}}{n-1} \tag{4.14}$$

$$MQ_{down} = \frac{\sum_{j=2}^{j=n}\sum_{i=1}^{i=j-1}p_{ij}}{n-1} \tag{4.15}$$

$$MQ = \frac{MQ_{up}}{MQ_{down}} \tag{4.16}$$

式（4.14）指家庭收入向上流动的概率，式（4.15）指家庭收入向下流动的概率，计算二者的比值可以得到家庭收入向上流动与向下流动的概率之比，以反映家庭经济地位改善的可能性。

第三节　农村家庭收入总体流动性测度

对于农村地区居民来说，经济活动的家庭经营形式使得个人对家庭收入的贡献很难区分，因此一般使用农村家庭收入进行收入流动分析。部分家庭成员（如家庭主妇等），尽管无收入但仍位于一定的收入阶层，不能简单归为无收入阶层，所以本书使用年度家庭纯收入而非年度个人总收入来研究收入流动。虽然调查数据一般以家庭为单位，但是家庭结构在追踪过程中是不断变动的，为了剔除家庭规模对家庭收入的影响，采用人均家庭年收入来对农村家庭的收入流动性进行分析测算。中国家庭追踪调查数据各轮调查中，对农村收入的统计口径存在一些差别，其中 2012 年及以后的调查相对于 2010 年进行了细化和补充，导致收入项目与 2010 年的不可比。与 2010 年调查相比，2012 年调查数据增加了对个体经营利润、农业打工收入以及在学者的奖助学金和实习/兼职收入等项目。同时，2012 年调查在 2010 年基础上对农业生产收入、政府转移收入均进行了细化提问，2012 ~ 2018 年收入数据的统计口径一致。通过对比并剔除没有涉及或由于提问方式不一而缺乏可比性的项目，可以对 2012 ~ 2018 年家庭收入数据生成与 2010 年数据可比的收入变量。为了保持各轮调查收入口径和样本分析时间跨度的一致性，本书采用了两组数据对收入流动进行分析，一组是 2010 ~ 2018 年以 2010 年收入统计口径为对比的收入数据进行的分析；另一组是 2012 ~ 2018 年一致统一口径的收入数据进行的分析。同时，为了确保不同年份之间收入的可比性，分别根据各样本所在省份 2009 年农村居民消费价格指数（CPI）对各年份名义收入进行了调整，本书后续分析使用的收入数据都为通货膨胀调整后的实际收入。

一、收入数据的处理与描述性分析

表 4 – 1 和表 4 – 2 是分别以 2010 年可比收入数据和 2012 年可比收入数据为统计口径的收入描述性统计分析。样本筛选与数据处理过程如下。首先，筛选分析期间发生家庭分离的样本。因为在追踪调查中，有些家庭会因为子女结婚或家庭迁移原因离开原有家庭而成立新的家庭，或者因为家庭成员死亡而终止调查。新成立的家庭在分离之前与原有家庭共享家庭编号，但在分离之后的调查年份被赋予新的家庭编号。这些新分离的家庭缺失分离以前年份的收入数据，而被分离的原有家庭也因成员变动和编号重复等原因难以与分离后的调查数据进行合并处理。因此，为了保证收入数据的连续可观察性，本书将研究间隔期内发生过分离或被终止调查的家庭样本删除，保留未产生家庭分离的所有样本。其次，删除存在缺失值的样本。收入流动的分析需要至少两期的可用家庭人均收入数据，但是调查期间原家庭的分离和新家庭的加入使得很多家庭的收入数据在整个追踪期内有部分缺失。这种情况对于考察短期收入流动特征的影响较小，但观察长期收入流动特征所受限制较大。由于经济环境的不断变化，长期收入流动和短期收入流动特征可能存在较大的不同。为了对家庭收入流动特征进行长短期的对比分析，删除追踪调查期间中任一调查年份家庭收入有缺失的样本。最后，对收入数据进行缩尾处理。根据科威尔和施吕特尔（Cowell & Schluter, 1999）的讨论，收入流动性指数对异常值的存在特别敏感。为了避免极端值对分析的影响，将各年收入分布中最小与最大各 1% 的样本收入值进行缩尾处理，以消除极端值和异常值对统计和计量分析的影响。这种数据调整程序能够使我们最大限度地减少极端收入的影响，并提高我们对流动性跨期分

析的一致性。

样本筛选之后满足 2010～2018 年连续调查的有效样本量共 4032 个家庭，合计 20160 个观测值，占 2010 年初始追踪农村家庭总样本的 52.4%；2012～2018 年连续调查的有效样本量共 4420 个家庭，合计 17680 个观测值，占 2012 年可追踪农村家庭总样本的 62%。为了保证同一家庭的收入数据在各期都是可用的，最终筛选出的样本量较原始样本有了比较大幅度的减少，但是对保留样本与原始样本的相关社会人口变量的分布进行了对比分析，分析结果显示，二者并不存在显著的系统性差异。从抽样设计和统计分析出发，结果仍可推论目标总体。

中国家庭追踪调查数据 2010 年问卷中的家庭收入共包含五个部分：工资性收入（工资、奖金、补贴、分到个人名下的红利等）、家庭经营收入（农业经营收入和开办私营企业进行非农业经营的收入）、财产收入（包括地租、房租收入等）、转移性收入（包括离/退休金、社会保障金、低保等）和其他收入（收到的礼金及其他收入）。中国家庭追踪调查数据 2012 年问卷中的农村家庭总收入也分为工资性收入、经营性收入、转移性收入、财产性收入和其他收入五个部分。其中，工资性收入是指家庭成员从事农业打工或从事非农受雇工作挣取的税后工资、奖金和实物形式的福利；经营性收入是指家庭从事农、林、牧、副、渔的生产经营扣除成本后的净收入和由自家生产并供自家消费的农林产品的价值，以及家庭从事个体经营或开办私营企业获得的净利润；转移性收入是指家庭通过政府的转移支付（如养老金、补助、救济）和社会捐助获取的收入；财产性收入是指家庭通过出租土地、房屋、生产资料等获得的收入；其他收入包括亲友的经济支持和赠予、礼品礼金等。家庭总收入是五个收入构成的加总，纯收入是扣除农业生产成本以后的收入，人均纯收入则是家庭纯收入除以家庭人口数得到的平均收入。

对 2012 年及其以后年份的收入数据通过以下调整生成了与 2010 年可比的收入：从 2012 年家庭收入中剔除 2010 年收入调查中没有涉及或由于提问方式不一致而缺乏可比性的项目，包括个人农业打工收入、个人实习和勤工俭学收入、奖助学金收入、征地补偿金和住房拆迁款；剔除 2012 年家庭非农经营收入，因为 2010 年的家庭非农经营收入只提问了私营企业，没有问及个体经营，而 2012 年同时包含了这两部分收入且无法拆分。相对于 2010 年问卷，2012 年问卷关于家庭收入的项目更加细化，数据质量也更高。鉴于 2012 年问卷的收入内容多于 2010 年问卷，因此以 2012 年可比收入为准的各项统计指标值均高于 2010 年可比收入为准的统计指标值。从表 4 - 1 和表 4 - 2 数据统计的变化趋势来看，在消除通货膨胀对收入的影响后，收入的均值、中位数均呈上升趋势，这反映了农村家庭收入随经济发展不断增加。

表 4 - 1　　　　基于 2010 年可比收入数据的描述性统计

年份	样本量	均值	方差	中位数	最小值	最大值
2010	4032	5562	5108	4071	245.8	30000
2012	4032	7213	6594	5450	77.83	34664
2014	4032	8305	7840	6248	110.1	42690
2016	4032	8215	7871	6117	89.33	42322
2018	4032	9866	9887	6859	0	53381

资料来源：根据 2010～2018 年中国家庭追踪调查数据整理。

表 4 - 2　　　　基于 2012 年可比收入数据的描述性统计

年份	样本量	均值	方差	中位数	最小值	最大值
2012	4420	7996	7252	6169	92.02	39663
2014	4420	8898	8468	6744	113.3	46267
2016	4420	10520	9745	8137	571.7	57317
2018	4420	12821	12924	8837	667.9	80349

资料来源：根据 2010～2018 年中国家庭追踪调查数据整理。

二、农村家庭收入流动程度分析

（一）定基分析

以 2010 年为基准年份，可以分析 2010～2018 年随着时间的推移和延长，农村家庭收入流动的变动趋势。图 4-1 描述了将农村家庭按收入分为五等分组时，各收入等级收入保持不变的人口比例的变化情况。可以发现，以 2010 年为基期，农村家庭各阶层收入保持不变的平均比例（黑色实线），随时间推移呈幅度较低的下降趋势，整体收入流动并不够活跃，收入固化的趋势较为明显。纵向的长期趋势上，分收入等级来看，处于收入两极（第一等分位和第五等分位）的低收入阶层和高收入阶层的下降趋势最明显，这是收入流动性提升的一个重要表现。不同收入等级的横向比较上，高收入阶层收入保持不变的比例最高，说明高收入阶层是流动性最差的阶层。低收入阶层则次之，但低收入阶层的变动性是最大的，说明低收入阶层中有相当一部分在此期间流动到了中高收入阶层。相对而言，对同一群体来说，中等收入阶层中收入保持不变的比例最低，其收入随着时间的延长是最富流动性的。扩大中等收入群体是形成"橄榄型"社会结构的关键，有利于合理有序的收入分配格局的形成。

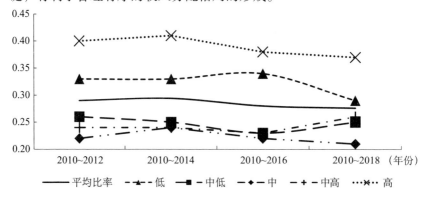

图 4-1　以 2010 年为基期的农村家庭各收入阶层保持不变的比例

资料来源：根据 2010～2018 年中国家庭追踪调查数据整理。

（二）变基分析

观察到的收入变化不仅取决于观测之间的间隔，而且还取决于为收入选取的观测区间长度。一般来说，同一样本在相同间隔期内的观察才能进行收入流动高低的比较，而且选取的观测期间越长，收入变动程度越大，观察到的流动性越明显，收入等级划分越细，观察到的流动性也更明显。基于中国家庭追踪调查数据的追踪调查设计，本书将收入流动的观察间隔期设为每两年观察一次，收入等级划分主要选择常用的五等分位，首先以收入转移矩阵列示各期收入转移的基本情况，并计算前部分提出的各种收入流动测度指标，对各期的收入流动情况进行对比分析，展示农村家庭收入流动的基本趋势。

1. 以 2010 年收入统计口径为基础

2010～2018 年收入流动情况以 2010 年问卷中的收入统计口径为准。在 2010 年可比收入统计口径下，以转移矩阵表示的 2010～2012 年、2012～2014 年、2014～2016 年、2016～2018 年短间隔期内的收入流动情况见表 4-3，2010～2018 年的长间隔期内的收入流动情况见表 4-4。

表 4-3 和表 4-4 中的每个元素代表的是以每两年为变动周期，从基期所处收入等级变动到末期所处收入等级的人口所占比例。表 4-3 显示，农村居民家庭最贫穷阶层和最富裕阶层保留在其相应阶层上的比例是最高的，最低达到 33%，最高达 51%。中间阶层与最贫穷和最富裕阶层相比，收入等级保持不变的比例较低，最高比例为30%。这说明中间收入阶层的收入流动性强于低收入阶层和高收入阶层。纵向来看，随着时间的推移，高收入阶层在短期内保持其收入地位的人口比例逐渐上升（40%→51%）。这与前文所述的农村居民家庭收入极化趋势相对应，收入两极缺乏流动性，阶层相对固化的趋势较明显。表 4-4 展示的长期收入流动性显示，长期观察下收入流动

性明显高于短期收入流动性。一方面，虽然高收入阶层保持收入等级不变的比例依然明显高于其他收入阶层，但是其他收入阶层保持不变的比例相差并不是很大，而且高收入阶层保持不变的比例（37%）明显低于短期统计值（40%~51%）。另一方面，低收入阶层保持不变的比例（29%）明显低于短期观察下保持不变的比例（33%~40%）。

表 4-3　　　　　2010~2018 年农村家庭人均收入短期流动性

| | | 2010 年收入等级 | | | | |
		1	2	3	4	5
2012 年收入等级	1	0.33	0.21	0.19	0.15	0.12
	2	0.25	0.26	0.21	0.17	0.11
	3	0.19	0.23	0.22	0.21	0.15
	4	0.14	0.17	0.22	0.24	0.22
	5	0.08	0.13	0.16	0.23	0.40
		2012 年收入等级				
		1	2	3	4	5
2014 年收入等级	1	0.40	0.21	0.17	0.12	0.10
	2	0.23	0.30	0.20	0.16	0.11
	3	0.17	0.22	0.26	0.21	0.14
	4	0.11	0.17	0.22	0.27	0.23
	5	0.09	0.10	0.16	0.23	0.43
		2014 年收入等级				
		1	2	3	4	5
2016 年收入等级	1	0.37	0.27	0.15	0.13	0.08
	2	0.28	0.27	0.21	0.15	0.08
	3	0.17	0.22	0.27	0.21	0.13
	4	0.10	0.15	0.22	0.29	0.23
	5	0.07	0.09	0.15	0.22	0.47
		2016 年收入等级				
		1	2	3	4	5
2018 年收入等级	1	0.39	0.28	0.15	0.11	0.07
	2	0.26	0.30	0.22	0.14	0.08
	3	0.17	0.19	0.29	0.23	0.11
	4	0.11	0.16	0.22	0.29	0.23
	5	0.06	0.08	0.12	0.23	0.51

资料来源：根据 2010~2018 年中国家庭追踪调查数据整理。

表 4 - 4　　　　2010～2018 年农村家庭人均收入长期流动性

		2010 年收入等级				
		1	2	3	4	5
2018 年收入等级	1	0.29	0.22	0.19	0.16	0.14
	2	0.29	0.24	0.21	0.15	0.11
	3	0.20	0.23	0.21	0.21	0.15
	4	0.13	0.17	0.23	0.24	0.23
	5	0.10	0.14	0.16	0.24	0.37

资料来源：根据 2010～2018 年中国家庭追踪调查数据整理。

依据上述转移矩阵还可以计算每个期间的收入流动性指标。根据式（4.3）～式（4.6）以及式（4.9）～式（4.10）计算出各期间相对和绝对收入流动性指标见表 4 - 5。表 4 - 5 显示，从短期的四个观察间隔期看，相对主义视角下，农村家庭人均收入流动呈下降趋势，表现为惯性率、亚惯性率的上升，以及加权平均移动率和 Shorrocks 指数 $M(P)$ 的下降。这说明，2010～2018 年随着时间推移停留在同一或相近收入阶层的人口比例不断增加，移动到其他收入阶层的人口比例则呈下降之势，收入相对流动程度有所降低。绝对主义视角下，家庭人均收入呈增加趋势，而在基期收入基础上收入变动的百分比有所下降，这说明在农村家庭收入不断上升的同时，不同阶层的收入增长率存在明显的差异。从 2010～2018 年整个长期观察期看，农村家庭收入的相对流动性和绝对流动性都明显高于短期观察期，这是长期观察期下收入变动幅度更大的自然结果。

表 4 - 5　　　　2010～2018 年农村家庭人均收入流动性指标

年份	惯性率	亚惯性率	加权平均移动率	$M(P)$	$m_n(x, y)$	$p_n(x, y)$
2010～2012	0.29	0.65	1.25	0.90	5021.80	0.87
2012～2014	0.33	0.68	1.15	0.84	5560.42	0.76
2014～2016	0.33	0.71	1.09	0.83	5518.17	0.67
2016～2018	0.36	0.73	1.04	0.81	6092.32	0.73
2010～2018	0.27	0.64	1.30	0.91	7137.83	1.30

资料来源：根据 2010～2018 年中国家庭追踪调查数据整理。

图4-2描述了收入五等分组下，不同农村收入阶层在2010～2018年的人均纯收入增长率变动情况，2010～2012年整体的情况是收入增长率随着收入阶层的上升而不断下降，收入阶层越高的群体收入增长率越低。虽然这种增长模式使得低收入阶层更多地享受经济增长的红利，有利于低收入阶层脱离低收入陷阱，但是如果低收入群体的收入基数过低，即使拥有相对较高的增长率，依然无法在短时间内跨越收入等级门槛而到达较高的收入阶层。2012年以后低收入群体增长率显著降低，更加阻碍了低收入群体跻身更高收入阶层的机会。高收入群体，尤其是第五分位收入群体的收入增长率在2012年以后的增长率明显升高，从而导致了2012年以后收入流动性的显著下降。虽然2014～2016年和2016～2018年两个观察期内高收入阶层收入增长率有所下降，但是低收入阶层的收入增长率相对于高收入阶层上升幅度并不十分明显。因此，虽然2010年以来农村人均收入水平不断上升，但2012年以后高收入群体的收入增长幅度更大，低收入群体收入增长率下降与高收入群体收入增长率上升是农村家庭收入增长的同时，相对收入流动性下降的主要原因。

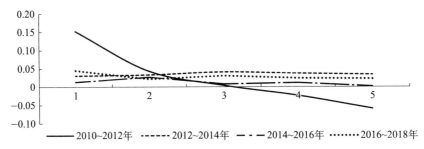

图4-2　五等分组下不同期间农村居民家庭人均纯收入平均增长率

资料来源：根据2010～2018年中国家庭追踪调查数据整理。

2. 以2012年收入统计口径为基础

2012年为起点的观察结果与2010年为起点的观察结果相对比，收入流动的变动趋势与2010年基本相同。从相对主义测度结果（见

表4-6和表4-7）上看，农村家庭人均收入流动性存在下降趋势，说明收入阶层固化的趋势有所加强，不同阶层之间的跨越难度有加大之势。从绝对主义测度结果（见表4-8）上看，农村家庭人均收入流动性表现出收入不断增加，但以基期为基础计算的收入百分比不断下降的特点。和前面的分析一样，这同样是由农村不同收入阶层的收入增长率差异所导致的。低收入阶层收入增长放缓甚至出现降低，高收入阶层则保持稳定的增长率，这种差异带来了总体流动性不断降低的态势。根据收入流动与收入分配之间的关系，收入流动性的降低是农村收入差距扩大以及收入极化程度上升的重要原因之一。

表4-6 　　　　2012～2018年农村家庭人均收入短期流动矩阵

		2012年收入等级				
		1	2	3	4	5
2014年收入等级	1	0.40	0.22	0.16	0.12	0.09
	2	0.25	0.28	0.21	0.15	0.11
	3	0.16	0.22	0.26	0.22	0.15
	4	0.11	0.16	0.22	0.27	0.23
	5	0.08	0.12	0.14	0.24	0.42
		2014年收入等级				
		1	2	3	4	5
2016年收入等级	1	0.39	0.28	0.16	0.11	0.07
	2	0.27	0.28	0.23	0.14	0.08
	3	0.16	0.21	0.27	0.23	0.13
	4	0.10	0.14	0.20	0.31	0.24
	5	0.07	0.09	0.15	0.21	0.48
		2016年收入等级				
		1	2	3	4	5
2018年收入等级	1	0.47	0.25	0.14	0.09	0.05
	2	0.26	0.30	0.25	0.14	0.06
	3	0.14	0.24	0.28	0.23	0.12
	4	0.09	0.13	0.23	0.29	0.25
	5	0.05	0.08	0.10	0.25	0.52

资料来源：根据2010～2018年中国家庭追踪调查数据整理。

表 4 – 7　　　2012 ~ 2018 年农村家庭人均收入长期流动矩阵

		2012 年收入等级				
		1	2	3	4	5
2018 年收入等级	1	0.35	0.24	0.17	0.15	0.10
	2	0.24	0.24	0.23	0.18	0.11
	3	0.17	0.21	0.22	0.21	0.19
	4	0.14	0.18	0.23	0.24	0.22
	5	0.11	0.13	0.15	0.22	0.38

资料来源：根据 2010 ~ 2018 年中国家庭追踪调查数据整理。

表 4 – 8　　　2012 ~ 2018 年农村家庭人均收入流动性指标计算

年份	惯性率	亚惯性率	加权平均移动率	$M(P)$	$m_n(x, y)$	$p_n(x, y)$
2012 ~ 2014	0.33	0.69	1.14	0.84	6044.65	0.76
2014 ~ 2016	0.35	0.72	1.07	0.82	6435.24	0.73
2016 ~ 2018	0.37	0.76	0.97	0.81	7084.68	0.66
2012 ~ 2018	0.29	0.65	1.26	0.89	8596.01	1.07

资料来源：根据 2010 ~ 2018 年中国家庭追踪调查数据整理。

三、农村家庭收入流动质量分析

收入流动性的下降有两种可能性：一种是家庭收入向上流动性变小；另一种是家庭收入向下流动性变小。具体是哪种情况和社会福利直接相关。当家庭收入向上流动的可能性增大或向下流动的可能性降低时，社会福利水平将会提高，反之则会降低。表 4 – 9 和表 4 – 10 分别统计了全体农村家庭与中间阶层（收入排序处于中等收入阶层）家庭的收入向上流动和向下流动的比率，以及二者之间的力量对比。综合 2010 年收入统计口径与 2012 年收入统计口径的收入质量分析情况可以看出，农村家庭的整体收入流动质量呈下降之势。以 2012 年收入口径统计的收入质量变动情况为例，2014 年之前，向上流动的比例尚且大于向下流动的比例。从 2014 年开始，家庭收入向上流动的比例开始小于向下流动的比例，收入流动质量降低。中间阶层家庭收入向上流动和向下流动比值基本也呈逐渐降低的状况，农村家庭收入流动质量并不高。

表 4 – 9　　　　　农村家庭整体收入流动质量分析

指标	2010 年收入统计口径				2012 年收入统计口径		
	2010 ~ 2012 年	2012 ~ 2014 年	2014 ~ 2016 年	2016 ~ 2018 年	2012 ~ 2014 年	2014 ~ 2016 年	2016 ~ 2018 年
向上流动比例	0.45	0.43	0.42	0.40	0.43	0.40	0.39
向下流动比例	0.44	0.41	0.41	0.41	0.42	0.42	0.40
流动指数	1.03	1.03	1.02	0.99	1.02	0.96	0.99

资料来源：根据 2010 ~ 2018 年中国家庭追踪调查数据整理。

表 4 – 10　　　　农村中间阶层家庭收入流动质量分析

指标	2010 年收入统计口径				2012 年收入统计口径		
	2010 ~ 2012 年	2012 ~ 2014 年	2014 ~ 2016 年	2016 ~ 2018 年	2012 ~ 2014 年	2014 ~ 2016 年	2016 ~ 2018 年
向上流动比例	0.38	0.38	0.37	0.34	0.36	0.35	0.33
向下流动比例	0.40	0.37	0.36	0.37	0.37	0.39	0.39
流动指数	0.95	1.03	1.03	0.92	0.97	0.90	0.85

资料来源：根据 2010 ~ 2018 年中国家庭追踪调查数据整理。

第四节　创业家庭与非创业家庭
收入流动特征的对比分析

收入流动对社会整体福利的重要性主要体现在对社会整体收入分配的影响上。当低收入阶层向上流动的可能性增加，从而有利于打破阶层固化时，这被视为社会福利的提升。即使不考虑不同收入阶层群体的收入流动方向，收入流动因为体现了一个社会的机会平等程度，其本身的加强便意味着收入刚性和阶层固化的降低，以及社会机会平等程度的提高。但是，当考虑到收入流动对特定群体或个体的影响时，其福利效应则比较复杂。社会整体收入流动的上升增加了个人或家庭逃脱原始低收入阶层的机会，低收入阶层群体更可能打破阶层桎梠，实现收入地位的提升。然而，整体收入流动的上升是由个体或群体间更强的收入流动来实现的，更强的收入流动同时意味着收入不确定性上升，收入波动和经济风险加大。

一、创业风险与收入流动

从职业选择理论出发，风险偏好的不同在职业选择过程中发挥着重要作用（Kihlstrom & Laffont，1979）。一般来说，选择创业的个体相对而言风险偏好更强，因为相对于工资性职业活动来说，创业面临的风险更大，从而创业收入面临的冲击也更强。参考克雷布斯等（Krebs et al.，2019）的研究，将对收入的持久性冲击和暂时性冲击共同纳入收入不确定性的构成，以这两种类型的收入冲击代表创业风险。以 y_{it} 代表创业家庭 i 在 t 时间段的家庭收入，遵循微观计量经济学的传统，假设 y_{it} 的对数是由一系列可观测的家庭特征和不可观测因素决定的，即：

$$\ln y_{it} = \lambda_x \cdot x_{it} + \nu_{it} \tag{4.17}$$

其中，x_{it} 代表可观测的家庭特征向量，λ_x 代表相应的系数向量，ν_{it} 代表收入的残差项。$\nu_{it} = \omega_{it} + \eta_{it} + \mu$，$\omega_{it}$ 是永久性收入构成部分，η_{it} 是暂时性收入构成部分，μ 代表收入均值（为了符号简便，假设不同家庭的收入均值是相同的）。永久性收入构成部分 ω_{it} 遵循自相关 AR（1）过程，即：

$$\omega_{i,t+1} = \rho \omega_{it} + \epsilon_{i,t+1} \tag{4.18}$$

其中，ρ 是衡量初始收入持续性的参数，ϵ 则代表对收入的随机性冲击，假设其在不同的时间和家庭之间服从独立同分布。同时，进一步假设收入的暂时性构成部分 η_{it} 在不同的时间和家庭之间也是独立同分布的，而且 η_{it} 和 $\epsilon_{i,t+n}$ 对于所有的 t 和 n 二者都是不相关的。假设所有的随机变量都服从正态分布，因此家庭收入服从对数正态分布。更具体地，假设 $\epsilon_{it} \sim (0, \sigma_\epsilon^2)$，$\eta_{it} \sim (0, \sigma_\eta^2)$，$\omega_{it} \sim (0, \sigma_\omega^2)$。

根据式（4.17）和式（4.18）可得：

$$\nu_{it} = \rho^t \omega_{i0} + \sum_{n=0}^{t-1} \rho^{t-n-1} \epsilon_{i,n+1} + \eta_{it} + \mu \qquad (4.19)$$

式（4.19）表明，t 时期的家庭收入取决于初始永久性收入 ω_0、暂时性冲击 η 以及持续性冲击 ϵ，对收入的暂时性冲击和持续性冲击代表创业风险。从式（4.19）以及前文对 ω_0、η 和 ϵ 的假设，家庭收入的期望值 $E(\ln y_{it}) = \mu$，而家庭收入方差的决定则由下式给出：

$$Var(\nu_{it}) = \begin{cases} \rho^{2t}\sigma_{\omega_0}^2 + \sigma_\eta^2 + \dfrac{1-\rho^{2t}}{1-\rho^2}\sigma_\epsilon^2 & \rho \neq 1 \\ \sigma_{\omega_0}^2 + \sigma_\eta^2 + t\sigma_\epsilon^2 & \rho = 1 \end{cases} \qquad (4.20)$$

将 $0 \sim t$ 时期的家庭收入流动性记为 m_t，以夏洛克斯（Shorrocks, 1993）提出的 Hart 指数为准，定义为：

$$m_t = 1 - corr(\nu_{i0}, \nu_{it}) = 1 - \frac{cov(\nu_{i0}, \nu_{it})}{\sigma_{\nu i0} \cdot \sigma_{\nu it}} \qquad (4.21)$$

其中，$corr(\nu_{i0}, \nu_{it})$ 是指两期收入残差项之间的相关系数，很明显，m_t 值越大，两期收入的相关性越低，收入流动性越高。根据收入残差项的构成 $\nu_{it} = \omega_{it} + \eta_{it} + \mu$，两期收入残差项之间的协方差可以表示为：

$$cov(\nu_{i0}, \nu_{it}) = cov(\omega_{i0} + \eta_{i0}, \rho^t \omega_{i0} + \sum_{n=0}^{t-1} \rho^{t-n-1} \epsilon_{i,n+1} + \eta_{it} + \mu)$$
$$= \rho^t \sigma_{\omega 0}^2 \qquad (4.22)$$

结合式（4.19）和式（4.22），可以将收入流动性 m_t 表示为：

$$m_t = \begin{cases} 1 - \dfrac{\rho^t \sigma_{\omega 0}^2}{\sqrt{\sigma_{\omega 0}^2 + \sigma_\eta^2}\sqrt{\rho^{2t}\sigma_{\omega 0}^2 + \sigma_\eta^2 + [(1-\rho^{2t})/(1-\rho^2)]\sigma_\epsilon^2}}, & \rho \neq 1 \\ 1 - \dfrac{\sigma_{\omega 0}^2}{\sqrt{\sigma_{\omega 0}^2 + \sigma_\eta^2}\sqrt{\sigma_{\omega 0}^2 + \sigma_\eta^2 + t\sigma_\epsilon^2}}, & \rho = 1 \end{cases}$$

$$(4.23)$$

式（4.23）将收入流动性定义为关于 σ_ϵ^2，σ_η^2 和 ρ 的表达式，很明显可以得出：

$$\frac{\partial m_t}{\partial \sigma_\epsilon^2} > 0 , \frac{\partial m_t}{\partial \sigma_\eta^2} > 0 , \frac{\partial m_t}{\partial \rho} < 0 \qquad (4.24)$$

由式（4.24）可以看出，暂时性冲击 ϵ 和持续性冲击 η 的方差越大，则 m_t 值越大，即收入流动性程度越高。这是符合直觉的，因为收入冲击方差增加了家庭收入的不确定性，降低了收入之间的时间相关性，从而增加了收入流动性。而初始收入持续性 ρ 越大，则收入流动性越低，这是因为初始收入持久性越强，对高收入的赶超效应越低，收入流动性也越低。基于此，可以推测，农户从事创业活动相对于打工就业会带来家庭收入不确定性上升，从而会提高家庭的收入流动程度；相对于非创业家庭，创业家庭的收入流动更强。本书的研究假设 1 是基于创业活动承担相对更高的风险而提高家庭收入流动程度，基于创业风险和收入流动之间的模型分析，可以使研究假设 1 得到佐证。

二、创业家庭和非创业家庭的收入描述性统计分析

（一）收入构成差异分析

表 4-11 以 2012 年收入统计口径为标准，对农村创业家庭和非创业家庭的收入结构进行了对比分析。与宏观数据统计显示的情况一致，创业家庭和非创业家庭的工资性收入占比在稳步提升，经营性收入占比平均呈下降趋势。其中，创业家庭的工资性收入呈上升趋势的主要原因可能是农户创业活动一般规模较小或季节性生产销售特征突出，在劳动力需求上并不需要家庭成员所拥有的劳动力都投入到创业活动中，而且现实中大多数创业家庭都会通过获取工资性收入以实现家庭收入来源多元化以尽可能地分散经营风险。从两种主要收入来源的占比差异上看，非创业家庭的工资性收入占比处于绝对第一高位，而创业家庭的经营性收入在家庭收入结构中平均占比最高，且明显高于工资性收入占比。本书对创业家庭的认定是指从事个体私营活动的

家庭和租入土地且经营性收入占比最大的家庭,因此创业家庭的经营性收入在家庭收入构成中占比最大符合本书对创业的界定原则。非创业家庭中工资性收入占比最大,使得创业家庭和非创业家庭的收入结构具有对比性。

表 4 – 11　　　　基于中国家庭追踪调查数据的创业家庭和
　　　　　　　　　非创业家庭收入结构　　　　　　　　　单位:%

项目	家庭类型	2012 年	2014 年	2016 年	2018 年
工资性收入	创业	16.18	20.46	30.74	38.43
	非创业	50.39	56.69	52.15	55.02
经营性收入	创业	68.80	64.66	56.64	47.66
	非创业	28.54	18.98	21.96	17.90
财产性收入	创业	1.16	1.01	0.97	1.14
	非创业	1.22	1.51	1.53	1.85
转移性收入	创业	9.56	10.65	7.25	7.01
	非创业	13.25	18.57	18.07	17.50
其他收入	创业	4.31	3.12	4.22	6.51
	非创业	6.82	4.25	4.12	8.79

资料来源:根据 2010~2018 年中国家庭追踪调查数据整理。

(二)收入水平差异分析

创业家庭和非创业家庭在收入构成上,以及活动性质上存在明显差异。表 4 – 12 对农村创业家庭与非创业家庭的家庭纯收入和人均纯收入进行了对比分析。通过对比可以发现,每一调查年份创业家庭的家庭纯收入均值和中位数均高于非创业家庭,以 t 值表示的均值差异和以卡方值表示的中位数差异都十分显著。考虑到家庭规模对家庭收入的稀释效应,表中还比较了创业家庭和非创业家庭的人均纯收入。创业家庭的人均纯收入在均值和中位数上都显著高于非创业家庭。但是,这种对比分析并不能说明创业活动一定会给家庭带来收入增加,也不一定意味着创业相对于被雇佣一定存在着收入溢价。呈现这种收入差别的原因很可能是高收入家庭更倾向于从事创业活动，因为高收入家庭更可能有财力和实力进入创业。同时，相同条件下创业家庭的收入方差也明显高于非创业家庭，这从一定程度上证实了家庭从事创业活动带来的收入风险相对会更高，这与创业活动相对于被雇佣职业活动收入不确定性更强的现实相符。根据以上基于收入风险的理论探讨，可以推测，相对于非创业家庭，创业家庭的收入流动更强。

表4-12　　农村创业家庭与非创业家庭纯收入和人均纯收入对比

年份	均值			中位数			方差	
	创业家庭	非创业家庭	t值	创业家庭	非创业家庭	χ^2值	创业家庭	非创业家庭
	家庭纯收入（元）							
2010	27687.24	21777.80	8.05	19773.00	16000.00	19.47	26602.07	20418.55
2012	46496.58	35305.42	8.77	32995.50	26300.00	25.26	44052.77	33630.09
2014	56357.36	38450.88	11.90	42435.00	30000.00	32.54	52327.00	36294.01
2016	73565.22	45941.42	16.39	51560.00	35000.00	122.34	64633.51	42466.68
2018	95897.30	54195.79	18.10	67020.00	40000.00	119.90	86340.95	52311.14
	家庭人均纯收入（元）							
2010	7011.98	5519.23	8.07	4930.00	4000.00	21.88	6682.31	5150.41
2012	11573.00	8797.14	8.95	8048.92	6804.02	14.58	10924.04	8130.80
2014	14378.94	10400.34	9.47	10387.50	7642.50	39.74	13746.32	10289.01
2016	18542.21	12740.92	12.06	13333.33	9607.14	79.13	17304.77	12354.83
2018	24845.04	15889.23	12.59	16762.82	10682.50	78.31	24239.78	16556.64

注：2010年收入使用的是中国家庭追踪调查数据2010年统计口径下的家庭收入，2012~2018年收入使用的是中国家庭追踪调查数据2012年统计口径下的家庭收入。

资料来源：根据2010~2018年中国家庭追踪调查数据整理。

三、创业家庭和非创业家庭的收入流动特征差异化分析

收入流动与就业选择是紧密相关的，在劳动力市场上，不同的劳动者因为就业单位、就业形势或个人身份而获得的收入高低和收入流动程度不同。在影响收入流动的因素中，劳动力市场结构是一个关键

因素，职业选择差异和家庭生产经营活动的不同使得个体或家庭收入表现出明显的流动性差异。本部分将农村家庭按创业群体和非创业群体进行分类，使用收入转移矩阵和公理化指标分析创业家庭与非创业家庭在收入流动特征上的区别。鉴于中国家庭追踪调查数据在 2010 年对家庭创业或自我雇佣的定义与 2012 年及其之后年份的调查有较大区别，而且 2010 年的可比收入中不包括非农创业收入，使得 2012 年及其之后的经营收入统计存在较大的误差，因此，该部分分析主要基于 2012～2018 年的调查数据。需要说明的是，与第三节中的整体收入流动分析不同，为了尽可能保留更多的创业家庭样本，本部分只删除了在相应观察时段内的收入缺失样本，从而每个观察时段内的样本量不尽相同。

（一）创业家庭和非创业家庭收入流动程度对比分析

现实中家庭创业活动多数情况下是流动型的，即创业会经历进入和退出的转变过程，长时间持久型的创业活动是比较少见的。为了简便起见，本部分将在收入流动研究期间的期初处于创业中的家庭认定为创业家庭。虽然长期观察期间下一直保持创业的家庭比例可能会非常低，但是当经营性收入在家庭收入占比中处于首要地位时，经营性活动对家庭收入的影响具有决定作用，因此期初的创业活动对家庭收入后期的影响也应该是持续的。

表 4-13 和表 4-14 使用收入转移矩阵分别对 2012～2018 年创业家庭和非创业家庭的短期和长期收入流动程度进行了对比分析。各时段的短期收入流动和长期收入流动表现出的共同特征是，创业家庭的最低收入阶层停留在所在收入等级的比例低于非创业家庭，但是最高收入阶层停留在所在收入等级的比例高于非创业家庭。这种特征带来的直觉是，处于低收入阶层的家庭进行创业更可能实现家庭收入的向上流动，同时，处于高收入阶层的家庭通过创业更可能保持高收入等级的地位。但是，创业活动是否有利于收入向上流动，还需要结合除

最高和最低收入阶层外的其他收入阶层变动情况进行分析。

表 4 - 13   农村创业家庭和非创业家庭 2012 ~ 2018 年短期收入流动矩阵

创业家庭（N = 696）

		2012 年				
		1	2	3	4	5
2014 年	1	0.32	0.30	0.11	0.11	0.16
	2	0.11	0.39	0.23	0.16	0.11
	3	0.12	0.23	0.19	0.22	0.23
	4	0.07	0.17	0.29	0.21	0.26
	5	0.06	0.08	0.16	0.20	0.49

非创业家庭（N = 4255）

		2012 年				
		1	2	3	4	5
2014 年	1	0.53	0.18	0.13	0.10	0.06
	2	0.23	0.28	0.22	0.15	0.11
	3	0.14	0.22	0.28	0.21	0.15
	4	0.10	0.16	0.20	0.30	0.24
	5	0.05	0.12	0.17	0.26	0.40

创业家庭（N = 625）

		2014 年				
		1	2	3	4	5
2016 年	1	0.34	0.31	0.14	0.07	0.13
	2	0.28	0.21	0.21	0.17	0.12
	3	0.19	0.20	0.21	0.28	0.12
	4	0.10	0.13	0.17	0.29	0.31
	5	0.03	0.09	0.11	0.17	0.59

非创业家庭（N = 4515）

		2014 年				
		1	2	3	4	5
2016 年	1	0.40	0.28	0.15	0.11	0.07
	2	0.27	0.28	0.24	0.14	0.07
	3	0.15	0.21	0.27	0.23	0.14
	4	0.10	0.14	0.21	0.31	0.24
	5	0.09	0.10	0.15	0.22	0.44

续表

创业家庭（N = 647）					
		2016 年			
		1	2	3	4	5
2018 年	1	0.32	0.23	0.17	0.14	0.14
	2	0.15	0.25	0.32	0.18	0.09
	3	0.11	0.22	0.24	0.29	0.15
	4	0.07	0.08	0.21	0.31	0.34
	5	0.02	0.03	0.10	0.24	0.61

非创业家庭（N = 4277）					
		2016 年			
		1	2	3	4	5
2018 年	1	0.49	0.24	0.13	0.09	0.04
	2	0.27	0.31	0.23	0.13	0.06
	3	0.14	0.24	0.29	0.22	0.11
	4	0.10	0.14	0.25	0.29	0.22
	5	0.04	0.08	0.11	0.29	0.48

资料来源：根据 2010～2018 年中国家庭追踪调查数据整理。

表 4 - 14　农村创业家庭和非创业家庭 2012～2018 年长期收入流动矩阵

创业家庭（N = 565）					
		2012 年			
		1	2	3	4	5
2018 年	1	0.32	0.27	0.15	0.15	0.11
	2	0.23	0.27	0.19	0.17	0.15
	3	0.15	0.15	0.34	0.11	0.26
	4	0.05	0.26	0.22	0.23	0.24
	5	0.06	0.09	0.18	0.19	0.48

非创业家庭（N = 4221）					
		2012 年			
		1	2	3	4	5
2018 年	1	0.35	0.24	0.17	0.14	0.11
	2	0.25	0.25	0.23	0.18	0.10
	3	0.18	0.20	0.21	0.23	0.18
	4	0.14	0.17	0.22	0.25	0.22
	5	0.11	0.15	0.16	0.23	0.35

资料来源：根据 2010～2018 年中国家庭追踪调查数据整理。

表 4 - 15 基于表 4 - 13 和表 4 - 14 的收入转移矩阵计算了各期创业家庭和非创业家庭的各种收入流动性统计指标。短期来看，创业家庭的惯性率、亚惯性率值低于非创业家庭，说明从收入流动大小来看，创业家庭的总体收入流动程度高于非创业家庭。创业家庭的加权平均移动率和绝对人均移动率高于非创业家庭，说明从相对收入流动和绝对收入流动两方面来看，创业家庭均高于非创业家庭。这种统计性的分析结果在一定程度上佐证了本书的研究假设 1，创业活动会通过承担更高的风险而加剧家庭收入流动程度。如果不考虑各阶层收入流动的方向，从事创业的家庭越多，农村创业比例越高，整体的收入流动程度越大，农村经济的整体活力就会越强。长期来看，创业家庭和非创业家庭的流动性比较并不直观，创业家庭的惯性率高于非创业家庭，说明创业家庭的相对收入流动程度相对更低，但创业家庭的 $M(P)$ 指数高于非创业家庭，说明创业家庭的绝对收入流动程度相对更高，这种不明确的对比结果使得创业对收入流动的影响需要进一步地分析。

表 4 - 15　农村创业家庭和非创业家庭 2012 ~ 2018 年收入流动指标

年份	惯性率		亚惯性率		加权平均移动率		$M(P)$	
	创业	非创业	创业	非创业	创业	非创业	创业	非创业
2012 ~ 2014	0.32	0.36	0.69	0.71	1.15	1.05	0.85	0.80
2014 ~ 2016	0.33	0.34	0.71	0.72	1.09	1.08	0.84	0.83
2016 ~ 2018	0.35	0.37	0.75	0.77	1.04	0.96	0.82	0.78
2012 ~ 2018	0.33	0.28	0.65	0.64	1.19	1.27	0.84	0.80

资料来源：根据 2010 ~ 2018 年中国家庭追踪调查数据整理。

（二）创业家庭和非创业家庭收入流动质量对比分析

创业家庭的高收入流动程度表明，现实经济中创业比例越高，整体收入流动表现可能更强，这有利于农村经济展现机会平等并弥合农村内部的收入不平等。但是，收入流动是否有利于收入分配现状的改善还取决于收入流动表现的质量如何。只有当下的收入流动表现为更有利于低收入阶层向上流动，才可能在长期内缩小收入差距并改善群体间的收入分配。表4-15中的收入流动指标只能反映整体收入流动程度的高低，无法反映不同收入阶层的收入流动方向。虽然收入流动在收入分配研究中具有重要性，能够从动态角度带来收入分配的不断改善，但严格来说，只有收入向上流动的人口比例大于收入向下流动的人口比例，才能在一定意义上缓解收入不平等，使收入分配向有利于低收入阶层的方向改善。同时，收入变动的阶次统计可以分析收入跨越的等级，识别收入流动过程中跨越不同数量等级的难度，这从社会福利视角来看也是非常重要的。因此，在分析收入流动时，分辨收入主要是向上流动还是向下流动以及流动的阶层级数也是必要的。下面通过创业家庭和非创业家庭的收入转移矩阵统计各种流动层级下的人口占比。

表4-16对2012~2018年农村创业家庭和非创业家庭的收入流动质量进行了统计和对比分析。按与收入转移矩阵相同的阶层设置，收入按五分位数划分等级，因此向上和向下流动的阶次最大为4个阶层。创业家庭和非创业家庭的共同特征是，横向上看，能够流动到越高收入阶次的人口占比越低。在现实中则表现为以基期所处收入阶层为准，跨越更高收入等级而跻身更高收入阶层所需的收入增长幅度更大，因此难度更大。从样本家庭内部各流动阶次比较来看，创业家庭的收入向下流动比例在短期和长期内都大于向上流动比例，且向下流动的每一阶次家庭占比都大于向上流动的家庭占比。从与非创业家庭的比较来看，创业家庭的收入向上流动比例小于非创业家庭的收入向上流动比例，而收入向下流动的家庭占比则大于非创业家庭收入向下流动的家庭占比。表4-16展示的创业家庭与非创业家庭相比的收入流动特征，显示了创业活动并未明显改善创业家庭的收入流动质量。本书的研究假设2提出农户创业能够通过整合创业资源并充分发挥生

产要素比较优势，拉动农村家庭收入等级的上升，实现相对于打工就业更高的收入增长溢价。但是，创业家庭和非创业家庭的收入流动质量差异分析似乎并不利于为这一假设提供证据。当然，统计性分析并没有控制个体、家庭和外部环境特征，假设的证实需要更进一步的实证分析。

表 4 - 16　　　　创业家庭与非创业家庭的收入流动质量对比　　　　单位:%

年份	向上流动占比					向下流动占比				
	创业家庭									
	1	2	3	4	合计	-1	-2	-3	-4	合计
2012~2014	16.60	9.00	3.00	1.20	29.80	20.20	10.00	4.40	3.20	37.80
2014~2016	16.40	8.60	3.80	0.60	29.40	22.20	8.60	3.80	2.60	37.20
2016~2018	16.40	5.80	2.00	0.40	24.60	23.60	10.00	4.60	2.80	41.00
2012~2018	15.80	11.80	2.80	1.20	31.60	16.20	11.60	6.00	2.20	36.00
年份	非创业家庭									
	1	2	3	4	合计	-1	-2	-3	-4	合计
2012~2014	18.20	9.40	4.40	1.00	33.00	17.00	8.60	4.20	1.20	31.00
2014~2016	18.20	8.80	4.00	1.80	32.80	19.80	8.60	3.60	1.40	33.40
2016~2018	21.00	7.80	3.60	0.80	33.20	18.20	7.40	3.00	0.80	29.40
2012~2018	18.00	10.20	5.80	2.20	36.20	18.40	10.60	4.80	2.20	36.00

资料来源：根据 2010~2018 年中国家庭追踪调查数据整理。

虽然创业活动提升了创业家庭的收入流动程度，有利于激发农村经济发展活力和促进经济机会均等，从长远来看对农村整体收入分配改善存在正向作用。但是，收入向上流动的创业家庭比例小于向下流动的家庭比例，农户创业对农村内部收入不平等的改善有限，尤其是对低收入群体的收入拉动作用与以工资性活动为主导的家庭相比并不具备明显优势。这一特征背后的现实含义可能是，改革开放初期，农村各项改革的实施赋予了农民自由支配和配置自身拥有的土地、劳动、资本等各种生产要素的权利，释放了农村生产力，激发了经济活力。借着改革的"东风"，许多农民创业者在劳动力转移的过程中通过创业活动获得了可观的收入并积累了一定的财富，有些创业中的佼佼者甚至从"白手起家"实现了"一夜暴富"。改革开放以后，私营企业主阶层从无到有、快速发展，成为广受关注的社会阶层（李培林，2017）。然而，随着我国经济进入新常态，经济结构和社会结构大调整、大变动带来的阶层飞跃式的社会流动机会减少，与转型时期的经济发展特点相适应，社会结构也将进入相对稳定的常态化状态。本书使用的是 2012～2018 年这一阶段的数据，2012 年我国经济和社会发展进入转型期和调整期，改革的红利逐渐消失，不同形式的劳动力资源配置结果差异不断缩小。在经济转型向稳态化发展阶段，农户选择创业或者打工就业都是对自己所拥有的各种资源进行配置的结果，创业活动并不必然带来收入的向上流动，而就业也并不一定会产生比创业更差的正向收入流动。

第五节 本章小结

收入流动对经济增长和社会稳定至关重要，收入流动程度的提高或降低直接影响着社会整体收入分配状况的演变，具有重要的社会福利效应。本章对我国农村家庭收入的总体收入流动性进行了测度，并对创业家庭与非创业家庭的收入流动特征进行了差异分析，通过量化创业家庭对农村整体收入流动的贡献来评价创业活动产生的社会福利效应。2010 年以来，我国农村家庭收入的总体流动性呈下降之势，收入流动质量有所降低，说明农村整体收入分配情况可能会随着收入流动性的下降而进一步恶化。分收入阶层来看，处于收入两极的高收入阶层和低收入阶层的流动性明显低于中等收入阶层，创业家庭和非创业家庭的收入流动特征存在明显不同。在收入流动大小上，创业家庭的收入流动程度高于非创业家庭，反映了创业活动在长期内改善农村整体收入分配的作用，农村创业比例的提升有利于激发农村经济活力。但是在收入流动质量上，与非创业家庭相比，创业家庭收入在短期和长期内的向上流动家庭占比小于向下流动家庭占比，收入流动质量低于非创业家庭，创业活动对农村内部收入不平等的改善，尤其是对低收入群体的收入拉动作用相对于就业来说优势并不明显。农村家庭通过创业实现阶层跃升的可能性下降，创业或就业的选择都是家庭自身资源配置的结果。农户创业活动在拉动低收入家庭收入向上流动和减少农村内部收入不平等上并未显示出正向优势。

第五章 农户创业对农村家庭收入流动的影响分析

第四章对创业家庭和非创业家庭的收入流动程度和收入流动质量进行了差异性分析,并通过收入流动与收入分配之间的关系,以及创业家庭对农村整体收入流动的贡献展示了农户创业活动的社会福利效应。农村内部整体收入流动是由个体收入流动构成和加总得出的,而收入变化程度如何则是针对个体的,创业活动的个体经济效应更值得关注。农户创业活动能否给创业家庭带来经济福利的改善,是创业持续的前提,也是创业进入的动力。虽然对创业家庭和非创业家庭收入流动特征进行的差异分析可以在一定程度上说明创业活动对不同收入阶层家庭的收入流动可能带来的影响,但基于收入转移矩阵的统计性分析仍存在局限性。一方面,创业家庭的人均收入均值明显高于非创业家庭,创业家庭更多地分布于高收入阶层,到底是高收入家庭更倾向于从事创业还是创业给家庭带来了高收入,这是必须要解决的问题。另一方面,创业活动相对于工资性活动的高风险使得创业活动下的收入流动程度较高,这一结论并不出人意料。但是,不同收入阶层在个体特征和家庭特征上还存在其他明显差异,这些特征是否在创业家庭和非创业家庭收入流动质量差异上发挥作用,还有待进一步研究。本章使用计量分析方法来研究农户创业对农村家庭收入流动的影响,并对前面基于理论基础提出的三个研究假设进行验证。

第一节　数据处理、变量
选择和模型构建

一、数据处理

对收入流动的考察需要追踪收入的变化情况，因此至少需要两期的观察数据。由于所处经济环境的不断变化，特定家庭的收入在短期和长期内的变化特征可能有所不同，从而长短期内收入流动也呈现不同的特征，因此需要对创业的长短期收入流动效应分别考虑。为了分析创业的短期收入流动效应，本书将中国家庭追踪调查数据 2012 ~ 2018 年的四期追踪数据，按调查的每两期间隔分为三个时间段，即 2012 ~ 2014 年、2014 ~ 2016 年和 2016 ~ 2018 年，然后将三个时间段数据按以家庭为代表的个体维度和年份为代表的时间维度整理成三期面板数据。短期收入流动情况的考察只要满足样本中的家庭有两期的可追踪收入数据即可，家庭的分离迁移和剔除各变量缺失值的处理导致每一期的家庭样本并不完全相同，因此整理的面板数据为非平衡面板。剔除受访人年龄小于 18 岁或超过 80 岁和各控制变量存在缺失值的样本后，2012 ~ 2014 年样本量为 4900 户农村家庭，2014 ~ 2016 年样本量为 4948 户农村家庭，2016 ~ 2018 年样本量为 4791 户农村家庭，生成非平衡面板后共涉及 24 个省份、143 个区县、368 个村居共 6308 个家庭，合计 14639 个观测值。关于长期数据，根据中国家庭追踪调查数据的追踪现状，可用的最长追踪期间为 2010 ~ 2018 年跨度为 9 年的数据，但是这种情况下只能使用 2010 年统计口径下的可比收入数据，这一数据未统计非农经营收入，对于研究创业问题显然是不合适的。如果使用 2012 年收入统计口径，则最长的收入变动观察期间是 2012 ~ 2018 年，但直接使用这一期间数据存在两个问题。第一，如果只是关注收入流动问题，那么越长的研究期间越能对个体生命周期内永久性收入和暂时性收入的构成进行科学区分，从而越有利于对收入流动进行分解分析。但是家庭经济活动变动性比较大，尤其是创业活动，家庭进入和退出创业频繁发生，时间越长变化情况就会越复杂，长时间跨度会给研究带来很大的难度。第二，使用 2012～2018 年之间的收入变化数据只能生成截面数据，无法像短期研究那样利用面板数据的优势，数据类型的不同可能会导致回归结果与短期研究没有可比性。因此，对于长期研究，本书将 2012～2018 年的数据分为两个子期间，一个是 2012～2016 年，另一个是 2014～2018 年。将两个子期间下的子样本整理成两期非平衡面板数据，共涉及 24 个省份、138 个区县、344 个村居共 4656 个农村家庭，合计 8190 个观测值。相对于截面数据，面板数据具有多方面的优点（陈强，2014）：具有截面和时间的双重维度，放大的样本容量可以显著提高估计的精确度；研究收入流动需要提供收入变化的动态信息，面板数据刚好能满足这一需求；不同家庭之间往往存在不可观测的个体差异（即异质性），从而带来不可避免的遗漏变量偏差，面板数据可以控制不随时间改变的个体差异，解决遗漏变量带来的内生性问题。

二、变量定义

（一）被解释变量

本书的被解释变量是家庭人均收入流动性，包括绝对收入流动和相对收入流动。其中，绝对收入流动是指只要收入绝对数有所变化即视为收入发生了流动。因此，绝对收入流动程度用观察时间段内的收入增长率（incomegrowth）来表示，即 $incomegrowth_i = (income_{i,t+1} - income_{i,t}) / income_{i,t}$。为了缩小数据的绝对值，同时消除收入的异方差以保持数据的平稳性，在计算收入增长率时对收入数据取对数，增长率为正数时代表收入有向上的流动，反之则为向下流动，它是一个连续变量。

相对收入流动使用研究期间内收入阶层的相对变化来表示。收入阶层的变化依据前文的收入流动矩阵分析，将样本家庭在每一观察期间的初始调查时点的人均收入按高低进行排序并进行五等分，识别每个家庭所处的收入阶层及其在观察间隔期内的变化。具体细分来看，可能发生的收入阶层变化分为九种情况，即上升 4 个阶层（例如，从观察期间，期初的第一收入阶层上升到观察期末的第五收入阶层，以此类推）、3 个阶层、2 个阶层、1 个阶层，对称地，也可能下降 4 个阶层、3 个阶层、2 个阶层、1 个阶层，还有一种情况为所处收入阶层无变化。本书将上面所述的收入阶层相对变化分别记为 -4、-3、-2、-1、0、1、2、3、4 一共 9 种类型，分别代表收入阶层的变动位次数量，此时的相对收入流动（mobility_order）是一个多元离散型变量。但是，这种直接将不同地区的样本家庭作为整体按收入高低进行排序的方法存在一定的问题。不同地区经济发展水平存在差异，因而收入高低的水平界定有很大不同，相同的收入金额在经济发展水平比较高的地区可能是低收入，但是在经济发展水平比较落后的地区可能是高收入，直接按整体标准划分收入阶层很可能无法充分捕捉家庭收入阶层的变化程度。虽然面板数据固定效应模型的设定可以控制一些个体间的共同特征，但是为了更加贴合现实情况，本书以农户所属区县为分组，将属于同一区县的所有农村家庭按收入高低进行排序并五等分，并以下一期农村家庭人均收入在区县整体收入分层中的变化来界定收入流动，生成一个区县相对收入流动指标（mobility_county），以此来衡量农村家庭人均收入流动。相比于在省份甚至全国范围层面上所处的收入水平，农户更加关心小圈子内甚至和身边人相比自己所处的收入等级，因此以区县为分组来界定收入等级是比较合理的。

以整体和区县分组进行收入排序并分层的方法在分层时将研究样

本进行等分，每一收入等级的样本量是相同的，而到底是五等分还是十等分的设置有一定的主观性，因此每期各等级间的收入门槛值会随着总体样本量和收入分层数量的变化而变化。为了保持各分组内样本的等量，阶层向上流动的家庭数量和向下流动的家庭数量差不多是相同的，无法准确反映个体收入流动对农村内部整体收入分配的边际影响。为了改善这种收入门槛值设定的主观性，更好地分析家庭收入流动对农村内部整体收入状况的影响，本书依据国家统计局公布的 2011 年、2013 年、2015 年、2017 年农村居民按收入五等份分组的人均纯/可支配收入临界值，对这些临界值进行通货膨胀调整后，将其作为收入五等分层的门槛值。基于这些门槛值，本书进一步计算了相邻两个调查年份内的收入阶层变动情况，并生成了按统计的收入等级变动衡量的收入流动指标（mobility_ class）。

（二）核心解释变量

本书的核心解释变量是家庭是否从事创业（self-employment）。与前文分析一致，这里创业家庭的认定是指从事个体私营活动的家庭或者土地流转进行经营且家庭经营性收入占比在家庭收入结构中最大的家庭。该变量为 0 ~ 1 二元变量，从事创业的家庭取值为 1，否则为 0。在短期收入流动效应分析中，是否创业根据调查间隔期内初始观察时点信息进行认定，即研究家庭 2012 年、2014 年、2016 年的创业活动相应地分别对 2012 ~ 2014 年、2014 ~ 2016 年和 2016 ~ 2018 年家庭收入流动的影响。长期分析中，创业流动性较大，如果只使用观察期间内的初始调查时点的家庭创业状态，当下一调查时点家庭创业状态改变时，初始创业状态对收入流动的影响并不纯粹，因此需要考虑创业的持续性。将在 2012 ~ 2014 年持续创业的家庭认定为创业家庭，分析其对 2012 ~ 2016 年收入流动的影响。对应地，分析 2014 ~ 2016 年间持续创业活动对 2014 ~ 2018 年家庭收入流动的影响。

（三）控制变量

根据已有研究，影响家庭收入流动的因素是多方面的，本书根据已有研究和中国家庭追踪调查数据问卷调查提供的可用信息选取了以下变量作为控制变量。

1. 初始收入阶层（rank）

根据前文的宏观数据和微观数据统计分析，收入极化和阶层固化情况在农村已凸显，低收入、中等收入和高收入阶层的收入流动本身存在较大的不同。在相对收入流动上，低收入和高收入阶层的收入流动明显低于中等收入阶层，且不同阶层的收入流动方向也存在差异。在绝对收入流动上，收入增长率的计算方式决定了增长率的高低和初始收入水平有很大关系，因此，控制家庭在调查期间初始点所处的收入阶层是关键且必需的。本书将样本家庭按调查初始年份家庭人均收入高低排列分为五等份，分别赋值1、2、3、4、5，以虚拟变量形式引入回归，作为家庭初始收入阶层变量的取值。

2. 受访人特征变量

中国家庭追踪调查数据问卷调查并未直接指定家庭中谁是户主，但在问卷调查中专门指定以最了解家庭经济情况的家庭成员作为问卷受访人。最了解家庭经济情况的家庭成员往往直接参与家庭经济活动，因此可能比指定的家庭户籍上的户主更能对家庭经济决策作出影响，因此可以用问卷主要受访人特征代替家庭户主特征。主要的变量包括受访人的性别（gender）、年龄（age）、婚姻状况（marriage）、受教育水平（education）和健康状况（health）。其中，性别为虚拟变量，男性和女性分别赋值为1和0；年龄为连续变量，为了体现收入变化的生命周期特征，同时引入年龄的平方项；婚姻状况为虚拟变量，将未婚和已婚分别赋值为0和1；受教育水平按受访人已完成的受教育年限来衡量，取值范围在0~19年之间；健康状况为有序变量，取值为

1~5，依次代表不健康、一般、比较健康、很健康和非常健康。

3. 家庭人口结构和经济特征变量

家庭人口结构变量主要指家庭抚养比（dependency），即家庭非劳动人口与劳动人口的比例，在一定程度上反映了家庭的人力资本状况。其中，非劳动人口是指同住并有经济关系往来的家庭成员中，16 岁以下的儿童与 65 岁以上的老人，劳动人口则是年龄介于 16 岁和65 岁之间的家庭成员。经济特征主要是指物质资本和社会资本情况。物质资本以土地价值（landvalue）和房产拥有情况（houseelse）来衡量，土地价值由来源于土地的农业总收入占比和土地收益率推算而来，对其实际值取对数；房产拥有情况以除现房产外是否还有其他房产来衡量，取值为 0 或 1。社会资本（socialcapital）使用家庭人情礼支出的对数表示。

4. 村庄特征变量

使用问卷中"您村委会所在地距本县县城（市区）有多远：（　　）里"问题中询问的村庄距本县县城距离（distance）来作为村庄特征变量。

5. 省份特征变量

生成各省份虚拟变量（province）来控制家庭所在省份特征，以反映宏观经济发展对家庭收入流动的差异化影响。

（四）描述性统计

表 5-1 根据面板数据对各变量进行了描述性统计，为了更直观地了解因变量在创业家庭和非创业家庭之间的差异，将因变量家庭人均收入增长率和家庭人均收入阶层变动进行了对比统计。表中的统计结果显示，从绝对收入流动上看，创业家庭的收入增长率均值略低于非创业家庭；从相对收入流动上看，总体收入排序和按区县收入排序下，收入流动的计算是按样本总体进行等分计算的，向上流动和向下

流动的家庭样本数量大体是相同的，当非创业家庭样本量很大时，收入流动向上和向下抵消后均值为 0，但创业家庭的收入流动平均呈向下之势。按国家统计局公布的农村居民收入五等份分组临界值作为阶层划分时，创业家庭和非创业家庭的收入均呈向上流动之势，这是农村居民收入临界值随经济发展"水涨船高"的原因，但从具体向上流动的程度上看，创业家庭向上流动的程度平均低于非创业家庭。

表 5 – 1　　　　　　　　　　变量描述性统计

变量类型	变量名称	创业家庭 N = 2007				非创业家庭 N = 12632			
		均值	方差	最小值	最大值	均值	方差	最小值	最大值
被解释变量	incomegrowth	0.03	0.16	− 0.56	1.12	0.04	0.11	− 0.52	1.33
	mobility_ order	− 0.03	1.52	− 4	4	0.00	1.44	− 4	4
	mobility_ county	− 0.20	1.60	− 4	4	0.00	1.48	− 4	4
	mobility_ class	0.09	1.50	− 4	4	0.15	1.68	− 4	4

N = 14639

变量类型	变量名称	均值	方差	最小值	最大值
核心解释变量	self-employment	0.14	0.34	0	1
控制变量	rank	3	1.41	1	5
	age	48.84	11.71	16	79
	gender	0.58	0.49	0	1
	marriage	0.67	0.47	0	1
	education	6.03	4.28	0	17
	health	2.74	1.27	1	5
	dependency	0.31	0.27	0	1
	houseelse	0.13	0.33	0	1
	landvalue	8.53	3.74	0	14.96
	socialcapital	6.88	2.45	0	11.85
	distance	44.78	38.33	0	280

注：（1）表中的年龄（age）和村庄距县城的距离（distance）在本表中是实际值，为了保留回归结果的小数点有效位数，将二者按除以 10 以后的数值进行回归。

（2）2012 年调查问卷未询问家庭人情礼支出情况，2012 年社会资本数据由 2014 年数据代替。

三、模型构建

从微观角度分析收入流动的目的是确定个体或家庭的收入变动程度和变动方向，并分析导致这些变化的主要决定因素。与标准的家庭效用最大化模型一致，本书将家庭收入的绝对变化和相对变化，即收入流动中的绝对收入流动程度和相对收入流动程度作为效用的衡量标准，该效用取决于产生家庭收入的各种经济环境。本书研究的重点是农户创业对农村家庭人均收入流动的影响，除此之外，还有其他众多影响家庭收入流动的因素。在此基础上，本书的最终目的是通过构建以下计量模型来考察农户创业选择对家庭收入流动的影响。

$$Y_i = F(Self\_employment_i + Control_i) + \delta_i \qquad (5.1)$$

其中，Y_i 代表的是第 i 个家庭的收入流动状况，$Self\_employment_i$ 代表第 i 个家庭是否从事自我雇佣式创业，$Control_i$ 是一系列的控制变量，包括受访人特征变量、家庭人口结构和经济特征变量以及家庭所在村庄和省份特征变量。δ_i 代表与家庭有关的其他不可观测家庭特征。

因为收入增长率是连续型变量，对于家庭创业和绝对收入流动之间关系的计量分析可选择 OLS 回归。而对于家庭创业和相对收入流动之间关系的计量分析，因相对收入流动性被定义为多元离散变量，理论上应该使用多项 probit 或多项 logit 回归。但当以收入阶层的变动级数作为被解释变量时，存在着排序数据的特性，而使用多项 probit 或者多项 logit 回归时则无视数据内在的排序。因此，合适的回归方法应该是有序 probit 或有序 logit 回归（陈强，2014）。本书假设设定模型的误差项服从逻辑分布，选择 logit 回归模型，对于有序 logit 计量模型，具体的表现形式是：

$$y_i^* = x_i \beta + \delta_i \qquad (5.2)$$

其中，y_i^* 为不可观测的潜变量，实际观测到的 y_i 表示相对收入流动性，在这里的取值是［-4，4］，x_i 为包含是否创业在内的一系列解释变量，δ_i 为随机扰动项。y_i 的选择规则是：

$$y_i = \begin{cases} 0, & y_i^* \leqslant r_0 \\ 1, & r_0 < y_i^* \leqslant r_1 \\ 2, & r_1 < y_i^* \leqslant r_2 \\ \quad \cdots\cdots \\ J, & r_{J-1} \leqslant y_i^* \end{cases} \tag{5.3}$$

其中，$r_0 < r_1 < r_2 < \cdots < r_{J-1}$ 为待估参数，称为切点（cutting-points）。

本书使用的是面板数据，如果直接使用 OLS 回归，则相当于将面板数据直接当作横截面数据处理，此时没有考虑个体异质性，会导致估计不一致且和现实情况并不相符。这种个体异质性对被解释变量的影响是个体效应，个体效应可能与式中的解释变量相关（固定效应模型），也可能不相关（随机效应模型）。从经济理论上讲，随机效应模型关于个体效应和解释变量不相关的假设过强，现实中很难满足（Wooldridge，2010）。一般来说，不可观测的异质性对解释变量通常都会产生影响，尤其就本书研究的问题看，家庭和受访人的一些不可观测特征不仅会影响家庭收入流动，还会影响家庭创业活动的选择，显然用固定效应是更合适的。但是，面板有序回归模型因其被解释变量为离散变量且具有非线性回归性质，相对于被解释变量是连续变量的线性回归来说，如何使用 Stata 软件直接实现其固定效应回归在长时间内一直缺乏进展。总结以往研究经验可知，能够控制面板有序回归下的固定效应的间接途径有三种：一是在回归方程中加入个体虚拟变量以控制个体不可观测特征，但是在研究样本很大的情况下需要生成太多虚拟变量，而短面板中能够用来估计这些虚拟变量系数的信息不足，从而可能带来伴生参数（incidental parameter）问题，导致估计结果不一致，而且这种不一致还可能会溢出影响到解释变量的估计一致性（Wooldridge，2010）。二是将有序变量以特定的切点为临界值转换为二分变量，然后使用面板二元 logit 固定效应回归，但是在多个切点下，这种只使用其中一个切点的处理会损失其他切点的信息，导致回归结果可能无效（Baetschmann et al.，2020）。三是直接忽视被解释变量的有序特征，使用无序的线性回归模型控制个体固定效应以解决不可观测效应，这种忽视数据内在排序的方法过于极端，会损失关键的有序信息。本书使用 Stata14.0 软件和贝茨曼等（Baetschmann et al.，2020）描述的 feologit 命令来进行有序 logit 固定效应回归。个体固定效应模型解决了不随时间而变但随个体而异的遗漏变量问题，为了解决不随个体而变但随时间而变的遗漏变量问题，模型同时引入时间固定效应，从而设定了同时考虑个体固定效应和时间固定效应的双向固定效应模型。这样，式（5.1）所示的计量模型可以具体化为：

$$Y_{it} = self\_employment_{it}\alpha + x'_{it}\beta + z'_i\gamma + \lambda_t + \mu_i + \varepsilon_{it} \qquad (5.4)$$

其中，Y_{it} 代表家庭 i 在 t 时期的收入流动情况，$self\_employment_{it}$ 代表家庭 i 在 t 时期是否从事创业，x_{it} 代表随时间和个体变化的其他个体特征向量，z_i 是不随时间变化的个体特征向量，α、β、γ 为估计系数，λ_t 代表时间固定效应，$\mu_i + \varepsilon_{it}$ 为复合扰动项，μ_i 代表不可观测的个体异质性，ε_{it} 是随个体和时间而变的误差项。本书的面板数据为短面板，假设 ε_{it} 为独立同分布，且与 μ_i 不相关。

第二节　农户创业对农村家庭
绝对收入流动影响的实证分析

如前所述，面板数据引入了更多的截面维度以减弱共线性问题，而且固定效应的设定可以在回归时自动省略完全共线性自变量。但本书所用面板数据的个体维度最多为 3，且解释变量个数有 12 个。在个体维度较小、解释变量较多的情况下，如果数据的变异性不够，则共线性也会对具体回归系数的显著性产生严重影响。因此，在使用双向固定效应模型进行回归分析前，有必要对解释变量间的多重共线性进行检验。鉴于回归中的解释变量既有连续变量也有非连续变量，且回归模型既有线性模型也有非线性模型，因此，同时使用解释变量的两两相关系数和方差膨胀因子检验多重共线性。皮尔森和斯皮尔曼相关系数检验均显示解释变量之间的两两相关系数最高不超过 0.25，远低于严格意义上 0.5 的临界值；各解释变量（去除年龄的平方项）及总体的方差膨胀因子值最高均不超过 2，远低于严格意义上的因子临界值 5，因此，可以判定模型并不存在多重共线性问题。

一、农户创业对农村家庭收入短期绝对流动性的影响

（一）基准回归

表 5 - 2 使用逐步加入控制变量的方式展示了农户创业对农村家庭收入短期绝对流动性的影响，在逐步加入控制变量的回归过程中，反映模型整体显著性的 F 检验的 p 值为 0，且固定效应回归下代表回归模型解释力度的 R^2 最终达到 0.53，选定解释变量的总体解释力度超过 50%，说明回归模型设定较为合理。对混合效应模型和固定效应模型的 F 值检验，以及对随机效应模型和固定效应模型的豪斯曼检验结果均显示支持固定效应模型。固定效应回归下，不可观测异质性和解释变量的相关系数达到 0.606，二者高度相关，因此固定效应模型的设定是更合理的。为了控制组内误差自相关问题，回归结果均使用聚类在家庭层面的稳健标准误。

表 5 - 2　　　　　　　农户创业对农村家庭短期绝对收入
流动性影响的基准回归结果

变量	(1)	(2)	(3)	(4)	(5)
self-employment	- 0.029 *** (- 3.29)	- 0.016 *** (- 2.76)	- 0.014 ** (- 2.39)	- 0.013 ** (- 2.18)	- 0.012 ** (- 2.08)

续表

变量	(1)	(2)	(3)	(4)	(5)
rank = 2		−0.235 *** (−38.72)	−0.235 *** (−39.55)	−0.234 *** (−37.93)	−0.233 *** (−38.11)
rank = 3		−0.322 *** (−52.22)	−0.323 *** (−53.29)	−0.323 *** (−50.45)	−0.323 *** (−50.60)
rank = 4		−0.382 *** (−60.15)	−0.383 *** (−61.32)	−0.385 *** (−58.61)	−0.385 *** (−58.69)
rank = 5		−0.462 *** (−68.46)	−0.463 *** (−69.73)	−0.466 *** (−66.32)	−0.466 *** (−66.59)
age			0.005 (0.37)	0.006 (0.49)	0.008 (0.66)
age^2			−0.001 (−1.02)	−0.001 (−1.04)	−0.002 (−1.16)
gender			0.003 (0.77)	0.001 (0.37)	0.002 (0.53)
marriage			0.020 *** (12.88)	0.016 *** (8.09)	0.012 * (1.73)
education			0.000 (0.37)	0.000 (0.34)	0.001 (1.08)
health			0.001 (0.01)	0.001 (0.57)	0.001 (0.15)
dependency				−0.046 *** (−3.97)	−0.047 *** (−4.05)
socialcapital				0.001 (0.74)	0.000 (0.78)
houseelse				0.002 *** (3.42)	0.000 ** (2.10)
landvalue				0.002 *** (4.14)	0.002 *** (3.96)
distance					—

变量	（1）	（2）	（3）	（4）	（5）
省份					控制
个体效应	固定	固定	固定	固定	固定
时间固定效应					控制
Observations	14639	14639	14639	14639	14639
R-squared	0.002	0.496	0.506	0.528	0.531
Prob > F	0.00	0.00	0.00	0.00	0.00

注：括号内为 t 值，***、**、* 分别代表 p 值在 1%、5% 和 10% 水平上显著。村庄特征变量和省份虚拟变量因不随时间变化而改变，在固定效应模型回归时被自动省略。

回归结果显示，农户创业和农村家庭人均收入增长率呈显著的负向关系。这说明，从收入流动程度上看，农户创业对农村家庭收入的绝对流动有显著影响，创业家庭人均收入的变动相对于非创业家庭有明显不同，创业活动使得创业家庭绝对收入流动效应显著加强，本书的研究假设 1 得到验证。从收入流动方向上看，当控制个人特征、家庭特征以及其他不随时间变化的特征时，创业家庭人均收入相对于非创业家庭具有更低的增长率，创业家庭的收入向上流动幅度明显低于非创业家庭，本书的研究假设 2 并未得到验证。这一回归结果的现实意义在于，从促进家庭收入短期增长的角度看，家庭创业活动相对于就业有明显的差别。创业家庭的短期收入增长率低于非创业家庭。如果这种低收入增长率一直维持下去，那么创业不仅不能给创业家庭带来收入阶层的跨越，反而可能会被非创业家庭的相对高收入增长所超越而被降级至更低的收入等级。短期绝对收入流动的结果显示，农户创业活动并未给创业家庭带来明显的与就业相比的收入增长溢价效应，创业活动在拉动家庭短期收入增长上并未显示出优势，本书的研究假设 2 在短期分析中并未得到验证。

从控制变量来看，受访人个人特征方面，年龄和年龄的平方对收入增长率的影响并不显著，并未表现出明显的随年龄递减趋势。性别对收入增长变化也无影响。从婚姻状况的影响上看，已婚家庭的收入增长率相对更高。受访人的受教育程度和身体健康程度对家庭收入增长的影响符号为正，但是结果并不显著。一般来说，受教育程度越高，身体状况越好，家庭劳动质量越高，家庭收入的增长潜力越大。家庭特征变量方面，家庭所处收入阶层和收入增长率呈非常显著的负相关关系，以低收入阶层（rank = 1）为参照系，收入阶层越高，回归系数的绝对值越大，对收入增长率的负向影响越大。这是因为收入基数越大，与低收入阶层相比，同等收入增长幅度计算得出的收入增长率越低。家庭人口抚养比和收入增长率呈负向关系，说明对于家庭收入向上流动来说，家庭人力资本数量和人力资本质量都十分重要。家庭拥有的社会资本对收入增长的正向促进作用并不显著，拥有其他房产的农村家庭更可能实现更高的收入增长，土地价值越大，说明土地的收益率更高，因此对收入增长率有正向提高效应。

（二）分层视角下的异质性分析

农户创业和农村家庭人均收入绝对流动之间的负向关系，意味着创业家庭相对于非创业家庭在收入增加和阶层提升上总体处于更不利的地位，但是不同收入阶层下的创业家庭和非创业家庭的情况对比可能并不相同。从创业的个体经济福利角度看，研究更关心的是低收入阶层家庭从事创业活动能否产生更大的福利效应。从创业的社会福利角度看，虽然总体收入流动程度提升有利于收入分配状况的改善，但只有低收入阶层跻身到更高收入阶层的比例大于高收入阶层流动到更低收入阶层的比例时，收入流动对收入分配才更具有正向改善意义，此时的收入流动质量才是较高的。这需要对不同收入阶层创业活动的收入流动效应进行异质性分析。一般来说，异质性分析方法可以通过对样本进行分组回归来实现，但是不同组别回归的系数不能直接比较，需要进一步检验。为了保证结论的无偏误性，本书在进行分组回归的同时还通过引入交互项的方式进行异质性分析。通过在基准回归模型中加入收入阶层和是否创业的交互项，以及分收入阶层进行回归的两种方法，展示了创业对处于不同收入阶层家庭绝对收入流动的影响。表5-3是回归结果。

表5-3   分层视角下的异质性分析

变量	（1）整体	（2）高收入等级	（3）低收入等级
self-employment	-0.126*** （-3.79）	-0.010* （-1.78）	-0.022* （-1.66）
rank	-0.090*** （-9.82）	-0.060*** （-31.21）	-0.181*** （-22.72）
self_ employment × rank			
创业×低收入组	0.129*** （3.73）		
创业×中低收入组	-0.027 （-1.09）		
创业×中等收入组	-0.028* （-1.72）		
控制变量	控制	控制	控制
个体效应	固定	固定	固定
时间固定效应	控制	控制	控制
Observations	14639	8783	5856
R-squared	0.531	0.294	0.329
Prob > F	0.00	0.00	0.00

注：括号内为t值，***、**、*分别代表p值在1%、5%和10%水平上显著。

表5-3中的（1）通过在基准回归中加入家庭初期所处收入阶层和是否创业之间的交互项来展示不同收入阶层下创业活动对家庭绝对收入流动的异质性影响。由于本书的研究假设3更加关注创业对较低收入阶层家庭收入流动的影响，因此在回归结果中仅展示了低、中低和中等收入阶层家庭从事创业活动时，对绝对收入流动可能产生的影响。不同阶层与是否从事创业的交互项系数存在明显差异，说明创业对不同收入阶层的家庭绝对收入流动产生了显著的异质性影响。最低

收入阶层与是否创业的交互项系数显著为正，最低收入阶层从事创业时的负向收入流动效应有所缓和，这可能是低收入中更小的收入基数带来的。中低和中等收入阶层与是否创业的交互项系数为负，其中，中等收入阶层与是否创业的交互项系数在 10% 的显著性水平上显著，说明中等收入阶层从事创业时获得的收入增长率更低。相应地，模型（2）和模型（3）是将农村家庭按所属收入阶层分为两组，其中，中高和高收入阶层分类为高收入组，低、中低和中等收入阶层为低收入组，其中低收入组（−0.022）和高收入组（−0.010）从事创业的负向收入流动效应均在 10% 的显著性水平上显著，说明高低收入阶层从事创业活动时都存在明显的负向绝对收入流动效应。

分层视角下的异质性分析结果表明，创业活动的收入流动效应总体上表现为对低收入组的负向效应更加明显，农户从事创业并未给低收入阶层农户带来更高的收入增长率，反而通过拉低低收入阶层农户的收入增长率降低了创业家庭的收入流动质量，本书的研究假设 3 得到验证。从现实来看，中低收入阶层从事创业活动时，受金融资本和人力资本的双重约束更强，规模更小，且创业动机多数是无法进入正规劳动力市场下的被动型选择，因此在收入增长上相对于工资型就业并未产生明显溢价。

（三）稳健性检验

1. 更换被解释变量

被解释变量家庭人均收入绝对流动，即收入增长率是根据可用数据选择相应测量方法测度而来，测度方式的不同可能对结果的可靠性有所影响，因此可以对被解释变量更换测度方式以检验结论的稳健性。使用家庭人均收入增长率来衡量绝对收入流动，消除了家庭人口数量的差异化影响，但无法完全消除家庭人口结构的差异化影响，本书使用家庭成人等价人均收入计算收入增长率，以检验结果的稳健性。这是因为，家庭收入是家庭资产（包括有形资产和人力资产）以及这些资产可用于产生收入的经济环境的函数，而每个家庭成员的福利将取决于必须分享这些资产的人数，以及从中获得的收入（Woolard & Klasen，2005）。成人和儿童对家庭资源的利用程度明显不同，因此在计算人均收入时应当赋予不同的权重。参照梅、卡特和普塞尔（May，Carter & Posel，1995）的做法，成人等价人均收入＝家庭纯收入／（成人数＋0.5×童数)$^{0.9}$，即成人和儿童数量权重比为1:0.5，参数0.9则代表适度规模经济性质。

2. 替代核心解释变量

本书对核心解释变量是否创业中创业的定义范围进行了适当的扩大，除了现有研究中经常使用的非农创业界定，还将通过流转入土地进行规模经营且经营性收入占比最大的农业经营家庭也视为创业样本。流转租入土地进行规模经营的农村家庭在体现创业的企业家精神上可能不如个体私营活动明显。为了减轻这种界定的偏主观性可能给结果带来的不稳健性，仅使用家庭从事个体私营活动认定创业，使用替换的核心解释变量进行稳健性检验。

3. 样本进一步清理

收入结构不同的家庭可能在收入水平和收入变动上存在较大差异，创业家庭和非创业家庭的收入结构差异比较明显。为了更加突出创业选择对家庭收入变动的影响，本书对样本进行了进一步筛选，将非创业样本家庭中工资性收入占比较低的家庭删除，保留工资性收入在家庭收入结构中占比最大的非创业家庭样本。这一处理能够更加鲜明地对比经营性收入为主的"创业家庭"和工资性收入为主的"打工家庭"在收入流动上的差异化表现，进一步凸显职业选择差异对收入流动的影响。此外，本书的基准回归主要使用非平衡面板数据，进一步整理平衡面板数据进行回归以验证结果的稳健性。

表5-4的稳健性检验结果显示，各种稳健性检验方法下，回归

结果和基准回归结果在系数符号、大小和显著性上基本保持一致。除了替换核心解释变量进行稳健性检验时，其绝对值变大（这可能是因为个体私营活动的风险更大，从而收入变动程度也更大所致）。

表5-4   农户创业对农村家庭短期绝对收入
流动性影响的稳健性检验

变量	更换被解释变量（1）	替代核心解释变量（2）	样本删减（3）	平衡面板（4）
self-employment	-0.013^{**} （-2.34）	-0.036^{***} （-4.02）	-0.013^{*} （-1.66）	-0.013^{**} （-1.96）
控制变量	控制	控制	控制	控制
个体效应	固定	固定	固定	固定
时间效应	控制	控制	控制	控制
R^2	0.467	0.470	0.490	0.523
observations	14639	14639	9322	9826

（四）选择性偏差的处理——倾向得分匹配

基于个体和时间双固定效应模型的基准回归没有考虑样本自选择问题。首先，农村家庭是否选择创业并不是随机给定的，而是在家庭效用最大化框架下考虑众多影响因素后理性选择的结果，因此难以避免地存在样本自选择的问题。其次，创业家庭和非创业家庭的初始条件并不完全相同，因此会存在"选择偏差"。研究真正要解决的问题是，如果进入创业的家庭不创业，或者不创业的家庭选择创业，其收入流动性会发生什么样的变化？再次，由于无法获取创业家庭不创业时的收入流动情况和不创业家庭创业时的收入流动情况，在这种信息缺失的情况下直接比较创业家庭和非创业家庭的收入流动差异，会产生严重的内生性问题。最后，本书通过倾向得分匹配（PSM）方法来解决样本自选择问题带来的选择性偏误。

倾向得分匹配的思想是为创业家庭（处理组）匹配到可观测变量取值尽可能相似的样本家庭（控制组），这样两个家庭进入处理组

（即选择创业）的概率相近，具有可比性。这样可以近似测量非创业农户如果选择创业时的家庭收入流动状况，以及创业农户如果不创业时的家庭收入流动状况，这样才能计算实际从事创业的农村家庭的平均处理效应（收入流动效应）。本书的匹配步骤如下。首先，选择协变量。协变量选择包括前文所述的农村家庭的受访人特征、人口结构特征、经济特征变量以及区位特征变量，这些变量不仅会影响农村家庭人均收入的流动性，还会同时影响农户是否选择创业。受访人特征变量包括户主的年龄、性别、婚姻状况、受教育程度、健康状况，家庭人口结构特征变量是家庭人口数和家庭抚养比，家庭经济特征变量包括家庭所处收入阶层、是否有其他住房、土地价值和社会资本，以及家庭所在区位特征变量，即村庄距县城的距离。根据周广肃、李力行（2016）的研究，养老保险对农村创业发挥着显著的影响，因此本部分还将是否有养老保险（premium）纳入协变量，该变量为 0 ~ 1，当农村家庭户主拥有农村养老保险、商业养老保险、新型农村社会养老保险或企业补充养老保险之一时赋值为 1，没有上述任何养老保险时赋值为 0。这样，协变量中一共包括 13 个变量。由于倾向得分匹配方法完全依赖于可测变量的选择以估计处理效应，需要保证在给定的协变量下，潜在结果变量独立于处理变量，即个体对处理变量的选择完全取决于协变量。为了保证这一假设的成立，应尽可能将影响处理变量的相关变量都包含进来，以保证尽量不存在与解释变量相关的遗漏变量，避免产生"隐性偏差"。其次，估计倾向得分。本书的处理变量是农户是否选择创业（self-employment）的二元变量，使用 logit 模型估计农村家庭是否选择创业的决策方程。最后，进行倾向得分匹配。倾向得分匹配的方法有多种，一般认为并不存在适用于所有情形的绝对好方法，必须根据具体数据来选择合适的匹配方法。考虑到本书的样本量较多，且存在较多可比的控制组个体，本书进行了包括 k 近邻匹配、卡尺（半径）匹配、核匹配三种匹配方法。

倾向得分匹配一般用于横截面数据中处理组和控制组之间的匹配，本书使用的是多期非平衡面板数据，具体匹配时以每期横截面数据为单位，对每期的创业样本按所观测特征进行匹配，匹配完成后再合并成面板数据，这样既可以避免直接使用面板数据进行匹配时可能出现的样本自我匹配问题，还能充分利用面板数据的优势。倾向得分匹配完成后，使用生成的面板数据进行加权双固定效应回归，回归结果见表 5 - 5。可以看出，当考虑了自变量选择偏误时，得出的结论和基准回归得出的结论是一致的。

表 5 - 5　　　倾向的分匹配处理后农户创业与农村家庭短期
绝对收入流动性关系的检验

变量	(1) 近邻匹配 (n = 5)	(2) 卡尺半径匹配 (c = 0.02)	(3) 核匹配 (b = 0.06)
self-employment	- 0.014 * (- 1.82)	- 0.016 *** (- 2.63)	- 0.016 *** (- 2.63)
控制变量	控制	控制	控制
省份	控制	控制	控制
个体效应	固定	固定	固定
时间固定效应	控制	控制	控制

（五）内生性的处理——工具变量法

本书通过使用面板数据和控制个体与时间的双向固定效应模型以控制不随时间而变但随个体而异和不随个体而变但随时间而变的不可观测因素，并引入尽可能多的控制变量以控制可观测因素，以解决遗漏变量问题。同时，中国家庭追踪调查数据是全国性、多层次的追踪调查数据，其抽样并未将农村和城市进行分开抽样，而是采取了整体抽样的方式，对于只使用农村样本进行的研究，这种抽样方式可能会带来样本选择偏差。但是中国家庭追踪调查数据通过在社区、家庭和个人三个层面充分收集信息可以充分判定样本的农村/城市属性，相对于单纯依赖于行政区划来划分城乡属性的传统抽样方式，这更加符合中国城市化快速发展现实。为了防止大样本省的过度抽样带来的代表省份样本占比过大问题，本书的计量回归分析均使用中国家庭追踪调查数据提供的家庭权数进行调整，以保证样本分析具有全国代表性。虽然本书使用倾向得分匹配法、面板双固定效应模型和权数调整尽量解决自选择偏误、遗漏变量和样本选择偏差问题，但是依然无法完全避免内生性。农户创业和农村家庭收入流动的关系还可能存在双向因果带来的内生性问题。收入流动的基础是家庭初始收入水平的高低以及与其他家庭收入水平的差异，而这直接影响到家庭是否选择创业。除此之外，上一期的收入流动情况会直接影响到农户下一期的创业决策，尤其是当已经选择创业的家庭收入向下流动时，农户可能会放弃并退出创业。这种反向因果关系的存在使得解释变量和扰动项相关，从而导致回归结果不一致。

为了缓解内生性，参照沈栩航（2020）、尹志超（2021）的研究，使用同一区县其他家庭的创业比例（ratio）作为农户创业的工具变量。同一区县其他家庭的创业比例直接影响到个体农户的创业决策，同一区县其他家庭的创业比例越高，创业氛围越浓厚，个体创业的可能性越大，但是其他家庭的创业并不直接影响特定家庭的收入流动情况。是否创业（self-employment）变量的内生性检验卡方值为16.14，p 值为 0.0001，强烈拒绝该变量是外生变量的原假设，说明核心自变量确实存在内生性。引入工具变量回归的结果见表 5 – 6，工具变量的不可识别检验显示，LM 统计量的 p 值为 0.0000，强烈拒绝工具变量不可识别的原假设。第一阶段回归中是否创业（self-employment）和区县创业比例（ratio）之间存在显著的正向相关性，其稳健性 F 检验的 p 值为 0.0000，说明工具变量对内生变量有很好的解释力。弱工具变量的 WaldF 统计量值和 K – PrkWaldF 统计量值均大于弱工具变量名义显著性水平为 5% 的检验临界值，说明不存在弱工具变量。综上可知，本书选取的工具变量是合理且有效的。

表 5 – 6 农户创业对农村家庭短期绝对收入
流动性影响的工具变量回归

变量	第一阶段回归 self-employment	第二阶段回归 incomegrowth
self-employment		– 0. 013 *** (– 4. 29)
ratio	0. 896 *** (9. 64)	
控制变量	控制	控制
省份	控制	控制
个体效应	固定	固定
时间效应	控制	控制
Sanderson-WindmeijerFtest-p 值	0. 0000	
Chi^2-p 值		0. 0001
Kleibergen-PaaprkLMstatistic-p 值		0. 0000
Cragg-DonaldWaldFstatistic		533. 824
Kleibergen-PaaprkWaldFstatistic		385. 806

表 5 – 6 显示，在第一阶段关于工具变量和内生变量的回归中，工具变量和内生变量的回归系数显著为正，F 值检验的 p 值为 0，二者之间具有很强的相关性。第二阶段的回归结果显示，是否创业与收入增长率之间具有显著的负向关系，与基准回归结果相比，系数的绝对值有所增加，创业家庭相对于非创业家庭具有更低的短期收入增长率的结论是稳健的。

二、农户创业对农村家庭收入长期绝对流动性的影响

（一）基准回归

家庭经济活动随时间变化而改变，从而家庭收入状况也随之变化。收入变化的历史依赖性下收入流动随时间会存在累积性影响，这

种复杂性使得农户创业活动如何影响家庭长期收入流动值得进一步研究。长期面板数据构成中，2012~2016 年截面的创业样本认定为在2012 年和 2014 年两轮调查中都从事创业的家庭，2014~2018 年截面的创业样本认定为在 2014 年和 2016 年都从事创业的家庭。之所以使用持续创业样本，是因为如果创业家庭在追踪调查期间放弃了创业，或者是在调查开始后的某一轮刚进入创业，那么持续观察期间的收入流动可能并不完全受创业影响，只有在前期一直从事创业，才会对后期收入产生影响。

　　表 5-7 是使用长期面板数据对农户创业和农村家庭收入绝对流动之间关系的逐步回归结果，逐步引入各种控制变量以及时间固定效应后，核心解释变量是否创业的回归系数为负。虽然回归显著性有所降低，但是通过了 10% 的显著性水平检验，回归结果的含义与短期回归结果一致。和表 5-2 中的短期回归结果相对比，回归系数绝对值相较于短期回归更大，这是因为计算收入变动的期间越长，收入变动的幅度越大。从收入流动程度上看，农户创业对农村家庭收入的长期绝对流动有显著影响，创业家庭人均收入的变动相对于非创业家庭有明显不同，创业活动使得创业家庭在长期内的绝对收入流动效应也显著加强，本书的研究假设 1 在长期分析下得到验证。从收入流动方向上看，创业家庭人均收入相对于非创业家庭在长期内具有更低的增长率，创业家庭的收入向上流动幅度明显低于非创业家庭，本书的研究假设 2 在长期分析中未得到验证。这从另一个角度说明，农户创业活动并未给农村家庭带来相对于打工就业的明显收入增长溢价。

表 5-7　　　　　　　农户创业对农村家庭长期绝对收入
流动性影响的基准回归结果

变量	(1)	(2)	(3)	(4)	(5)
self-employment	-0.080 *** (-3.26)	-0.044 ** (-2.29)	-0.042 ** (-2.20)	-0.041 * (-1.96)	-0.038 * (-1.81)

续表

变量	（1）	（2）	（3）	（4）	（5）
rank = 2		-0.205^{***} （-23.70）	-0.205^{***} （-24.26）	-0.204^{***} （-21.59）	-0.203^{***} （-21.47）
rank = 3		-0.265^{***} （-29.83）	-0.265^{***} （-30.44）	-0.265^{***} （-27.85）	-0.265^{***} （-28.04）
rank = 4		-0.323^{***} （-34.67）	-0.322^{***} （-35.54）	-0.319^{***} （-31.72）	-0.319^{***} （-31.72）
rank = 5		-0.378^{***} （-39.78）	-0.378^{***} （-40.52）	-0.380^{***} （-36.15）	-0.380^{***} （-36.48）
age			-0.004 （-0.21）	-0.022 （-0.93）	-0.020 （-0.85）
age^2			0.000 （0.17）	0.002 （0.78）	0.002 （0.67）
gender			0.000 （0.03）	-0.000 （-0.03）	0.003 （0.44）
marriage			0.023^{***} （10.34）	0.022^{***} （8.62）	0.020^{***} （3.59）
education			0.000 （0.25）	0.001 （0.64）	0.002^{*} （1.74）
health			0.003 （1.51）	0.003 （1.13）	0.002^{*} （1.70）
dependency				-0.040^{*} （-1.72）	-0.032 （-1.40）
socialcapital				-0.002 （-0.43）	-0.001 （-0.18）
houseelse				0.000 （0.03）	-0.000 （-0.04）
landvalue				0.003^{***} （3.28）	0.003^{***} （3.30）
distance				—	—

续表

变量	（1）	（2）	（3）	（4）	（5）
省份					控制
个体效应	固定	固定	固定	固定	固定
时间固定效应					控制
Observations	8190	8190	8190	8190	8190
R – squared	0.005	0.435	0.456	0.474	0.483
Prob > F	0.00	0.00	0.00	0.00	0.00

注：括号内为 t 值，*** 、** 、* 分别代表 p 值在 1% 、5% 和 10% 水平上显著。村庄特征变量和省份虚拟变量因不随时间变化而改变，在固定效应模型回归时被自动省略。

（二）分层视角下的异质性分析

分层视角下的异质性分析结果见表 5 – 8。引入交互项的分析下，中低和中等收入阶层的交互项回归系数均不显著，表明处在中低和中等收入阶层的创业农户在收入增长上均未展现优势，低收入阶层的农户虽然在交互项回归系数上为正，但是系数绝对值（0.136）小于基础回归值（ – 0.147），在抵消后依然为负。分组回归分析中，农户创业活动对高收入等级的收入增长率产生了更加明显的负向影响，这说明创业对高收入阶层的负向收入流动效应更强。虽然农户创业并未像在短期分析下那样对低收入阶层的收入增长率产生明显的负向影响，但是回归系数的不显著至少说明：在低收入农户中，创业家庭相对于非创业家庭并不存在收入增长溢价，创业活动并未改善低收入家庭收入流动质量，本书的研究假设 3 也基本能得到证实。

表 5 – 8　　　　　　　　　　分层视角下的异质性分析

变量	（1）整体	（2）高收入等级	（3）低收入等级
self-employment	– 0.147 *** （ – 2.77）	– 0.042 *** （ – 2.81）	– 0.006 （ – 0.74）
rank	– 0.067 *** （ – 4.44）	– 0.032 *** （ – 10.55）	– 0.106 *** （ – 20.20）

续表

变量	（1）整体	（2）高收入等级	（3）低收入等级
self_ employment × rank			
创业×低收入组	0.136** （2.50）		
创业×中低收入组	−0.016 （−0.42）		
创业×中等收入组	0.002 （0.08）		
控制变量	控制	控制	控制
个体效应	固定	固定	固定
时间固定效应	控制	控制	控制
Observations	8190	4914	3276
R-squared	0.531	0.294	0.329
Prob > F	0.00	0.00	0.00

注：括号内为 t 值，***、**、* 分别代表 p 值在 1%、5% 和 10% 水平上显著。

（三）稳健性检验

表 5-9 是农户创业对农村家庭长期绝对收入流动性影响的稳健性检验结果。与短期回归的稳健性检验方法一样，使用更换被解释变量、替代核心解释变量和样本二次清理的方式进行检验。检验结果和基准回归基本保持一致，虽然删除非创业家庭中经营性收入占比最大的家庭进行的稳健性检验结果未通过显著性检验，但是 p 值很接近 10% 的临界显著性水平。

表 5-9　　　　　农户创业对农村家庭长期绝对收入
流动性影响的稳健性检验

变量	更换被解释 变量（1）	替代核心解释 变量（2）	样本删减 （3）	平衡面板 （4）
self-employment	−0.020** （−2.43）	−0.051*** （−3.37）	−0.023 （−1.62）	−0.038* （−1.81）
控制变量	控制	控制	控制	控制

续表

变量	更换被解释变量（1）	替代核心解释变量（2）	样本删减（3）	平衡面板（4）
个体效应	固定	固定	固定	固定
时间效应	控制	控制	控制	控制
R^2	0.472	0.484	0.415	0.483
Observations	8190	8190	5009	6408

（四）选择性偏差的处理——倾向得分匹配

长期分析下对自变量选择性偏差的处理过程和短期分析下相同，使用倾向得分匹配后的样本进行回归的结果见表5-10，各种匹配方法下得出的结果与基准回归结果一致。

表5-10　　　　PSM后农户创业对农村家庭长期绝对
收入流动性影响的检验

变量	（1）近邻匹配（n=5）	（2）卡尺半径匹配（c=0.02）	（3）核匹配（b=0.06）
self-employment	-0.025* (-1.90)	-0.024** (-2.48)	-0.024** (-2.48)
控制变量	控制	控制	控制
省份	控制	控制	控制
个体效应	固定	固定	固定
时间固定效应	控制	控制	控制

（五）内生性的处理——工具变量法

为了缓解内生性，使用同一区县其他家庭的创业比例（ratio）作为农户创业的工具变量，工具变量回归结果见表5-11。工具变量的不可识别检验显示，LM统计量的p值为0.0000，强烈拒绝工具变量不可识别的原假设。第一阶段回归中是否创业（self-employment）和区县创业比例（ratio）之间存在显著的正向相关性，其稳健性F检验的p值为0.0000，说明工具变量对内生变量有很好的解释力。弱工具变量的 Cragg-DonaldWaldF 统计量值和 Kleibergen-PaaprkWaldF 统计量值均大于弱工具变量名义显著性水平为5%的检验临界值,说明不存在弱工具变量。工具变量回归结果的系数符号和基准回归结果一致且显著,回归系数大小和基准回归结果比较接近,说明回归结果是稳健的。

表5–11 农户创业对农村家庭长期绝对收入流动性
影响的工具变量回归

变量	第一阶段回归 self-employment	第二阶段回归 incomegrowth
self-employment		-0.028^{***} (-3.84)
ratio	0.199^{***} (4.72)	
控制变量	控制	控制
省份	控制	控制
个体效应	控制	控制
时间效应	控制	控制
Sanderson-WindmeijerFtest-p 值	0.0000	
Chi^2-p 值		0.0000
Kleibergen-PaaprkLMstatistic-p 值		0.0000
Cragg-DonaldWaldFstatistic		31.35
Kleibergen-PaaprkWaldFstatistic		22.29

第三节 农户创业对农村家庭
相对收入流动影响的实证分析

农户创业和农村家庭收入绝对流动性之间的负向关系表明,创业行为下创业家庭相对于非创业家庭具有更低的人均收入增长率,其中低收入阶层家庭的人均收入增长率相对更低。但这一结论并不必然表明农户创业带来的收入增加幅度更低。当处于高收入组的农户从事创业活动时，即使收入增长率更低，较高的收入基数下收入增加的幅度并不低，而且较低的收入增长率并不必然意味着创业产生亏损，收入增加的幅度可能在短期内使得所处收入阶层依然稳定且不向下流动。而对从事创业活动的低收入阶层家庭而言，收入增加幅度呈减少之势，非创业家庭在样本中的高占比和相对更高的收入增长率会抬高下一期同等收入阶层的临界值，从而使得低收入阶层跨越上一级收入阶层的门槛更高，跻身难度进一步加大。家庭创业与绝对收入流动性之间的关系研究只能反映创业活动对农村家庭短期内收入增长情况的影响，而收入绝对量的增加或减少无法反映家庭人均收入在等级上实现了上升还是下降。因此，有必要对农户创业与农村家庭收入相对流动性之间的关系进行实证分析。

一、农户创业对农村家庭收入短期相对流动性的影响

（一）基准回归

表 5 – 12 展示了使用控制个体固定效应和时间固定效应的面板有序 logit 模型回归得出的农户创业与短期农村家庭人均收入相对流动性之间的关系。其中模型（1）中的相对收入流动是将样本中所有家庭作为整体按人均收入高低进行排序，并五等分组后所处阶层的地位变动；模型（2）是将样本中的农村家庭按所属区县进行分组后再在组内按收入高低排序并五等分，以组内收入阶层变动情况计算的相对收入流动；模型（3）按国家统计局公布的农村居民收入五等份分组的人均纯/可支配收入临界值为准划分家庭所属收入阶层，以不同时期临界值变化带来的收入阶层变动认定相对收入流动。

三种不同被解释变量界定方式下的回归结果均显示农户创业活动的回归系数为负，但是回归结果并不显著，本书的研究假设 1 和研究假设 2 在相对收入流动短期效应下都未得到有效证实。研究假设 1 和

研究假设 2 未得到证实的原因很可能是，虽然农户创业活动下农村创业家庭人均收入增长率更低，但是这种降低程度在短期内并不必然带来家庭收入阶层的下降。创业对家庭收入在阶层变动上的影响，在短期内可能无法完全显现出来，从而未带来明显的相对收入流动效应加强趋势。回归结果不具显著性，因此无法对核心变量回归系数的符号和大小进行过分解读。但是，农户创业和相对收入流动的这种不显著关系至少说明了创业活动在短期内并不能给农村家庭带来阶层的跃升，低收入阶层家庭通过创业在短期内跻身更高收入阶层是具有难度的，创业在短期内改善低收入家庭收入流动质量的作用有限，本书的研究假设 3 可以得到部分证实。

控制变量的回归结果中，除个别变量的回归显著性外，回归符号和绝对收入流动回归的结果基本一致。初始收入阶层和家庭人均收入流动呈非常明显的负向关系，反映了家庭初始收入阶层越高，要跻身更高一级的收入阶层所需跨越的收入门槛越高，因而进一步上升的阻力越大。

表 5-12　农户创业与农村家庭短期收入相对流动性关系的回归结果

变量	（1）mobility_order	（2）mobility_county	（3）mobility_class
self-employment	-0.053 （-0.49）	-0.014 （-0.54）	-0.035 （-0.32）
rank=2	-2.137*** （-19.09）	-1.887*** （-18.63）	-2.107*** （-21.84）
rank=3	-4.483*** （-29.91）	-4.045*** （-31.14）	-4.284*** （-32.02）
rank=4	-6.668*** （-37.70）	-6.070*** （-41.00）	-6.384*** （-40.18）
rank=5	-8.864*** （-44.40）	-8.081*** （-47.86）	-8.778*** （-42.74）
age	0.521** （2.17）	0.474** （2.08）	0.192* （1.82）

变量	（1）mobility_ order	（2）mobility_ county	（3）mobility_ class
age^2	-0.062** (-2.46)	-0.057** (-2.38)	-0.027** (-2.13)
gender	0.078 (0.94)	0.009 (0.11)	0.132 (1.53)
marriage	0.027 (0.53)	0.011 (0.20)	0.010 (0.18)
education	0.003 (0.24)	0.002 (0.17)	0.006 (0.42)
health	-0.029 (-0.99)	0.029 (1.03)	0.021 (0.72)
dependency	-0.762*** (-2.86)	-0.488* (-1.89)	-1.036*** (-3.90)
socialcapital	0.003 (0.16)	0.012 (0.66)	0.011 (0.63)
houseelse	0.061* (1.70)	0.056* (1.67)	0.075** (2.07)
landvalue	0.003 (0.23)	0.002 (0.15)	-0.005 (-0.45)
distance	—	—	—
省份	控制	控制	控制
个体效应	固定	固定	固定
时间固定效应	控制	控制	控制
Observations	14639	14639	14639
Prob > chi2	0.00	0.00	0.00

注：括号内为 z 值，***、**、*分别代表 p 值在 1%、5% 和 10% 水平上显著。村庄特征变量和省份虚拟变量因不随时间变化而改变，在固定效应模型回归时被自动省略。

表 5－13 展示了使用同一区县其他家庭的创业比例工具变量时的回归结果，鉴于控制固定效应的有序 logit 模型尚未开发引入工具变量进行回归的命令，为了便于操作，本书将被解释变量相对收入流动视为连续变量，使用引入工具变量的面板固定效应线性回归命令得出回

归结果。为了保证这种替代方法的可行性，本书对本部分的基准回归也使用面板固定效应回归进行了替代性检验，检验的结果和使用控制固定效应的有序 logit 回归结果在符号和显著性上是一致的。也有既往研究指出，将有序变量视为连续变量进行 OLS 回归与有序 logit 回归在统计参数的影响效应和显著性等方面基本一致（Ferrer-i-Carbonell & Frijters，2004）。因此，两种命令下的工具变量回归结果也应该是一致的。工具变量回归结果和基准回归保持一致，创业家庭和非创业家庭在短期相对收入流动特征上的区别并不明显，农户创业活动在短期内并未带来家庭收入在等级上的明显变动。这一回归结果的现实意义在于，农户对自身所拥有的各种资源进行配置时，在控制其他各种因素的情况下，创业和就业两种资源配置形式在对短期收入流动的影响上应该是无差别的，创业并不必然带来相对于就业的正向收入流动优势。

表5－13　　　　　　　　　农户创业与农村家庭收入短期
相对流动性关系的工具变量回归结果

变量	（1）mobility_ order	（2）mobility_ county	（3）mobility_ class
self-employment	-0.100 （-0.45）	-0.058 （-0.33）	-0.141 （-0.62）
控制变量	控制	控制	控制
个体效应	固定	固定	固定
时间固定效应	控制	控制	控制
Observations	14639	14639	14639

（二）分层视角下的异质性回归

鉴于不同阶层的创业活动带来的收入流动效应可能存在差异，接着分收入阶层对创业的收入流动影响进行异质性分析。为了更清晰地展示从最低到最高收入阶层的创业活动的影响差异，该部分展示了五个收入等级下不同等级创业活动的相对收入流动效应差异，结果见表

5－14。回归结果显示，每个收入等级下的创业活动产生的收入流动效应都为负，且收入阶层在第二等级和第三等级的回归都通过了或将通过10%的显著性水平检验，说明相对低收入阶层创业活动的收入向上流动效应更弱，且显示更强的负向收入流动效应。由此，本书的研究假设3得到证实。

表5－14　　　　　　　分层视角下的异质性回归结果

变量	(1) rank = 1	(2) rank = 2	(3) rank = 3	(4) rank = 4	(5) rank = 5
self-employment	－0.015 (－0.19)	－0.233 (－1.63)	－0.270* (－1.76)	－0.240 (－0.30)	－0.064 (－0.59)
控制变量	控制	控制	控制	控制	控制
个体效应	固定	固定	固定	固定	固定
时间固定效应	控制	控制	控制	控制	控制
Observations	1335	1092	971	1017	1209

注：异质性回归结果中的因变量是以农户区县收入分层及其变动为基准的区县相对收入流动指标。

二、农户创业对农村家庭收入长期相对流动性的影响

农户创业与农村家庭收入相对流动性整体回归中的不显著关系，可能是因为在较短观察期间内收入变动幅度并不足以大到使得家庭在收入阶层上实现跳跃，且处于不同创业阶段的创业家庭收入流动表现在短期内差异较大，因此在较长期间内观察创业家庭和非创业家庭的收入变化对比情况是有必要的。如果创业家庭相对于非创业家庭的低收入增长率随着时间持续推移，非创业家庭相对更高的收入增长率会逐渐抬高收入阶层间的临界值，而创业家庭的低收入增长率下收入递减式积累可能导致其流入到更低的收入阶层，具体的关系需要在较长的观察期内进行分析。

（一）基准回归

表5－15展示了使用长期面板数据时农户创业与农村家庭相对收

入流动的回归结果，表5－16展示了引入工具变量的回归结果，与基准结果基本保持一致。在控制了初始收入阶层以及其他控制变量后，核心解释变量的系数依然为负，虽然结果依然不显著，但是t值的绝对值相对于短期有了明显的增加，核心解释变量的解释能力有了明显的提升。其中，以区县对家庭分组并按收入高低进行排序时得出的收入流动作为被解释变量时，回归结果达到了10%的显著性水平，创业家庭相对于非创业家庭在拉动家庭收入阶层正向流动上并不具备优势。这种回归结果下，本书的研究假设1在长期情况下得到了一定证实，随着时间的推移，创业活动使得创业家庭相对于非创业家庭的收入流动程度有了明显的加强。回归系数为负说明创业并未带来创业家庭在收入流动方向上的正向提升，收入反而有向下流动态势，本书的研究假设2在长期相对收入流动效应上并未得到证实。随着时间的推进，创业活动对收入流动的负向影响可能会逐渐积累。非创业家庭的较低收入增长率不断积累，最终可能导致收入阶层的向下流动。由此可见，创业活动在长期内也未能成为农村家庭跻身更高收入阶层的有效通道。这一回归结果在现实中的解释可能是，随着创业活动的持续，土地或资本等要素的边际收益不断降低，在拉动家庭收入向上流动上的作用越来越小，从事就业打工的个体则通过不断积累经验获得更多的工作机会和更高的收入，从而创业相对于打工就业并未体现出收入向上流动的优势。

表5－15　　　　　农户创业与农村家庭收入长期相对
流动性关系的回归结果

变量	(1) mobility_ order	(2) mobility_ county	(3) mobility_ class
self-employment	−0.194 (−1.33)	−0.440* (−1.77)	−0.132 (−1.26)
控制变量	控制	控制	控制
省份	控制	控制	控制

变量	（1）mobility_ order	（2）mobility_ county	（3）mobility_ class
个体效应	固定	固定	固定
时间效应	控制	控制	控制
Observations	8190	8190	8190

注：模型（1）、模型（2）括号内为 t 值，模型（3）、模型（4）括号内为 z 值。***、**、* 分别代表 p 值在 1%、5% 和 10% 水平上显著。

表 5 - 16　　　　　　农户创业与农村家庭长期收入相对
流动性关系的工具变量回归结果

变量	（1）mobility_ order	（2）mobility_ county	（3）mobility_ class
self-employment	- 0. 225 （- 1. 37）	- 0. 365 （- 1. 59）	- 0. 226 （- 1. 35）
控制变量	控制	控制	控制
个体效应	固定	固定	固定
时间固定效应	控制	控制	控制
Observations	8190	8190	8190

（二）分层视角下的异质性回归

长期影响分析下的异质性回归结果见表 5 - 17，回归结果和短期影响下的回归结果基本一致，相对于中高收入阶层和高收入阶层、中低收入阶层和中等收入阶层群体创业活动的负向收入流动效应更强，创业活动改善偏低，收入阶层的收入流动质量的作用更弱，研究假设 3 基本可以得到验证。

表 5 - 17　　　　　　　分层视角下的异质性回归结果

变量	（1）rank = 1	（2）rank = 2	（3）rank = 3	（4）rank = 4	（5）rank = 5
self-employment	- 0. 284 （- 1. 05）	- 0. 431 * （- 1. 72）	- 0. 676 * （- 1. 84）	- 0. 143 （- 0. 71）	- 0. 151 （- 1. 38）
控制变量	控制	控制	控制	控制	控制
省份	控制	控制	控制	控制	控制
个体效应	固定	固定	固定	固定	固定

变量	(1) rank = 1	(2) rank = 2	(3) rank = 3	(4) rank = 4	(5) rank = 5
时间效应	控制	控制	控制	控制	控制
Observations	1737	1595	1580	1595	1683

注：异质性回归结果中的因变量是以农户区县收入分层及其变动为基准的区县相对收入流动指标。

第四节 农户创业状态转变 与农村家庭收入流动

前文在分析农户创业与农村家庭收入流动之间的关系时，对农户创业的界定仅限于观察期间的初始期从事创业的家庭，没有考虑在观察期内农户创业状态可能会有所改变。在内外部因素共同作用下，随着时间推移，初始从事创业的家庭可能会因创业失败而放弃创业，而初始未从事创业的家庭则会视情况进入创业领域。当考虑到创业活动自身存在的流动性时，特定家庭的创业进入或创业退出与该家庭的收入变动是紧密相关的。本部分将探讨农户创业转变和农村家庭收入流动之间的关系，并对农户创业对农村家庭收入流动的影响作进一步的异质性分析。

借鉴卡德罗尼（Quadrini，1999）的分析，本书将农村家庭样本按创业状态转变类型分为四个子样本，在调查期间从未从事创业活动的家庭分类为"保持工人（stayingworkers）"子样本；在调查期内一直从事创业活动的家庭分类为"保持创业（stayingself-employment）"子样本；初始从事创业而后续放弃创业的家庭分类为"创业转换（switchingself-employment）"样本；初始未从事创业但在后续从事创业的家庭分类为"工人转换（switchingworkers）"样本。对四个子样本按照收入分层的原则，将初始观察期收入和后续观察期收入均等分为高、中、低三个层次，每类子样本再按上一期收入所处层次和下一期收入所处层次进行细化，按照收入转移矩阵的方式进行列示。和前文的五等分矩阵相似，三等分矩阵中的行元素代表调查的上一期家庭所处的收入层次，矩阵的列元素则代表调查的下一期家庭所处的收入层次。鉴于 2010 年收入统计口径对非农创业收入统计的缺失，本部分仅以 2012 年收入统计口径为例对 2012～2018 年调查期间创业流动情况和收入流动之间的关系进行分析。

一、短期观察下的农户创业状态转变与农村家庭收入流动

（一）不同类型家庭的收入流动情况分析

表 5 - 18 列示了 2012～2018 年以每两年为间隔的观察期四种类型家庭的收入流动情况。从创业转变情况来看，三个调查期间的共同特点是流动创业的比例远高于持续创业的比例。流动创业家庭中，初始创业而后放弃创业的比例明显高于初始未创业而后进入创业的比例，说明农户创业在短期内的变动率比较高，流动性比较强。表 5 - 18 每个子表的上半部分展示的是持续创业家庭和进入创业家庭的收入流动情况对比，下半部分则展示的是放弃创业家庭和从未创业家庭的收入流动情况对比。持续创业情况下，高收入阶层保持不变的比重明显高于其他类型家庭，这是因为高收入家庭在进行创业时更能突破资金财力限制和缓解金融约束，从而得以保持高收入阶层的地位。但是在低收入阶层向上流动的家庭比例上，持续创业并未表现出优势。从非创业状态转换为创业状态的家庭中，处于低收入阶层的家庭向上流动的比例相对于保持未创业状态家庭向上流动的比例也未有增加，这说明低收入阶层家庭的创业状态转变拉动家庭收入阶层上升的作用并不明显。初始创业而后期放弃创业的状态下，初始从事创业的低收入阶层家庭在放弃创业后相对于保持创业和一直未创业的家庭来说，反而有更多比例的家庭流动到高收入阶层。

表 5 - 18　　　　　　　不同类型家庭的短期收入流动情况

2012 ~ 2014 年

		2012 年					
		1	2	3	1	2	3
2014 年		stayingself-employment（N = 324）			switchingworkers（N = 291）		
	1	0.54	0.26	0.15	0.50	0.32	0.20
	2	0.25	0.42	0.22	0.27	0.36	0.28
	3	0.21	0.33	0.63	0.23	0.32	0.52
		switchingself-employment（N = 390）			stayingworkers（N = 3993）		
	1	0.52	0.37	0.37	0.51	0.32	0.19
	2	0.31	0.31	0.25	0.30	0.38	0.31
	3	0.17	0.32	0.38	0.19	0.31	0.50

		2014 年					
		1	2	3	1	2	3
2016 年		stayingself-employment（N = 300）			switchingworkers（N = 338）		
	1	0.47	0.16	0.06	0.45	0.25	0.18
	2	0.34	0.40	0.28	0.30	0.33	0.28
	3	0.19	0.43	0.67	0.25	0.42	0.54
		switchingself-employment（N = 373）			stayingworkers（N = 4113）		
	1	0.45	0.33	0.17	0.57	0.33	0.17
	2	0.34	0.38	0.32	0.27	0.39	0.30
	3	0.21	0.29	0.51	0.16	0.27	0.52

		2016 年					
		1	2	3	1	2	3
2018 年		stayingself-employment（N = 286）			switchingworkers（N = 245）		
	1	0.44	0.34	0.12	0.64	0.32	0.13
	2	0.37	0.29	0.19	0.22	0.42	0.29
	3	0.19	0.37	0.69	0.14	0.26	0.57
		switchingself-employment（N = 425）			stayingworkers（N = 3982）		
	1	0.53	0.29	0.16	0.58	0.29	0.16
	2	0.29	0.39	0.32	0.29	0.41	0.30
	3	0.18	0.31	0.52	0.13	0.30	0.55

资料来源：根据 2012 ~ 2018 年中国家庭追踪调查数据整理。

（二）农户创业状态转变与农村家庭收入流动关系的计量分析

基于收入转移矩阵的描述性分析，显示了不同收入阶层的农村家庭在不同的创业转变类型下收入流动表现有所差异。本部分通过计量分析来研究创业状态转变对家庭收入流动的方向和程度的影响。对于短期分析，采用两种方式进行异质性分析，其中一种是将四种类型的家庭分样本进行回归。但这种方式可能存在两个问题：一是有些子样本中相应类型家庭占比过低导致回归结果可能不具代表性，二是不同分组的回归结果无法直接进行比较。为了保证结果的无偏误性，对四种类型的家庭生成虚拟变量，以从未创业家庭样本作为基础组，分析其他三种类型的家庭相对于基础组的系数变化。

1. 创业状态转变与绝对收入流动

表 5-19 展示了采用面板双固定效应回归方法分析的各种创业转变状态对家庭绝对收入流动的影响。因变量是家庭人均收入在调查间隔期内的增长率，核心解释变量是各种创业状态转变类型，包括上文提到的保持创业、保持工人、转业工人和转业创业四种情况，属于特定情况的家庭赋值为 1，否则为 0，控制变量的选取和前文基准回归的控制变量选取一致。回归（1）~（4）分别是四种创业流动类型下的回归结果，回归（5）是将四种创业流动情况以虚拟变量的形式引入回归，以从未创业（stayingworkers）的家庭作为基准的回归结果。回归结果显示，保持创业的家庭样本回归系数为负，且和从未创业的家庭相比，这种负向关系也是显著的。说明和从未创业的家庭相比，保持创业的家庭具有更低的人均收入增长率。初始从事创业而后放弃创业的样本家庭人均收入增长率回归系数显著为负，与从未创业家庭相比，这种负向关系也是显著的，这很可能是因为创业退出成本比较高，带来了收入增长率的显著下降。初始未从事创业而后进入创业的家庭人均收入增长率回归系数显著为正，但是和从未创业家庭相比，

这一增长变得并不显著。

表 5 – 19　　　　创业状态转变对短期绝对收入流动的影响

变量	(1)	(2)	(3)	(4)	(5)
stayingself-employment	−0.026 ** (−2.45)				−0.019 * (−1.75)
switchingself-employment		−0.016 *** (−2.67)			−0.018 *** (−2.65)
switchingworkers			0.015 ** (2.10)		0.004 (0.56)
stayingworkers				0.012 * (1.95)	—
控制变量	控制	控制	控制	控制	控制
个体效应	固定	固定	固定	固定	固定
时间固定效应	控制	控制	控制	控制	控制

注：括号内是 t 值，* 、** 和 *** 分别表示在10%、5%和1%的水平上显著。

2. 创业状态转变与相对收入流动

表 5 – 20 展示了采用固定效应的面板有序 logit 回归方法下，各种创业转变状态对家庭相对收入流动的影响，因变量是家庭人均收入在观察期内的收入阶层变化方向，核心解释变量和控制变量的选取同上。因为收入阶层变动在短期内变动并不明显，短期的回归结果并不显著，即使在持续创业状态下，收入阶层向上流动也并不明显。当然，这也可能是因为持续创业的家庭大多是高收入家庭，这些家庭即使有较低的收入增长率，依然可以保持自己的高收入地位，从而在收入流动上并未呈现明显的变化。初始从事创业而后放弃创业的状态下，家庭收入流动的符号为负，t 值达到了 1.23，有一定的解释能力，家庭因为创业失败退出创业，在收入上表现出向下流动。

表 5 – 20　　　　　　创业状态转变对短期相对收入流动的影响

变量	（1）	（2）	（3）	（4）	（5）
stayingself-employment	0.121 （0.70）				0.193 （0.89）
switchingself-employment		−0.129 （−1.23）			−0.035 （−0.26）
switchingworkers			0.146 （1.22）		0.155 （1.04）
stayingworkers				0.138 （1.10）	
控制变量	控制	控制	控制	控制	控制
个体效应	固定	固定	固定	固定	固定
时间固定效应	控制	控制	控制	控制	控制

注：括号内是 z 值，＊、＊＊和＊＊＊分别表示在 10%、5% 和 1% 的水平上显著。

二、长期观察下的农户创业状态转变与农村家庭收入流动

（一）不同类型家庭的收入流动情况分析

表 5 –21 使用收入转移矩阵统计分析了不同类型家庭收入流动的长期表现。为了更好地了解长期观察期内家庭收入的动态变化，本部分以收入转移矩阵进行的统计分析使用 2012～2018 年的数据，下部分的计量分析依然使用的是上文所述整理的长期面板数据。表 5 –21 中的持续创业（stayingself-employment）样本家庭是指在 2012～2018 年一直维持创业活动的家庭，样本量为 163；从未创业（stayingworkers）家庭则是指 2012～2018 年从未从事过创业活动的家庭，样本量为 3551；经历创业家庭则是指 2012～2018 年曾经从事过创业活动的家庭，这既包括初始未从事创业而后进入创业（switchingworkers）的家庭，也包括初始从事创业而后放弃创业（switchingself-employment）的家庭，样本量为 706（鉴于长观察期内农户创业流动情况比较复杂，

这里不再细分转业创业样本和转业工人样本）。分低、中、高收入等级来看，三种类型的家庭收入流动情况存在明显差异。持续创业样本家庭保持在低收入阶层不变的比例明显低于其他类型家庭，而保持在高收入阶层不变的比例明显高于其他类型家庭。此外，持续创业样本家庭低收入阶层向上流动的比例（0.37 + 0.34）也明显高于高收入阶层向下流动的比例（0.08 + 0.25），而且明显高于其他类型家庭低收入阶层向上流动的比例。呈现这种收入流动特征的原因是，从长期来看，只有收入向上流动的家庭才会具备持续创业的动机和能力，但是能够实现在长期内持续创业的样本比例很低，其中低收入阶层家庭占比更低，并不足以拉动创业家庭的收入从总体上呈现向上流动之势。

表 5 - 21　　　　　　　不同类型家庭的长期收入流动情况

		2012 年					
		1	2	3	1	2	3
2018 年		持续创业样本（N = 163）			从未创业样本（N = 3581）		
	1	0.29	0.26	0.08	0.48	0.30	0.22
	2	0.37	0.26	0.25	0.33	0.35	0.32
	3	0.34	0.47	0.67	0.23	0.33	0.44
		经历创业样本（N = 676）					
	1	0.53	0.25	0.23			
	2	0.26	0.45	0.33			
	3	0.21	0.30	0.45			

资料来源：根据 2012 ~ 2018 年中国家庭追踪调查数据整理。

（二）农户创业状态转变与农村家庭收入流动关系的计量分析

表 5 - 22 是使用长期面板数据对长期视角下农户创业状态转变与农村家庭收入流动关系的计量分析结果。鉴于随着观察期间的拉长，持续创业样本量过少，因此本部分不再分子样本回归，只进行了以从未创业样本家庭作为参照组时的总体回归作为异质性分析。当被解释变量是家庭长期收入增长率时，初始从事创业的家庭，不管在后期继

续创业还是放弃了创业，收入增长率均低于从未创业的家庭；在被解释变量是收入阶层变动时，初始创业家庭在后续继续创业或者放弃创业后，在收入阶层上都未实现上升。因此，不管是从短期还是长期来看，相对非创业家庭，农户创业活动对农村家庭的收入增长和收入阶层拉动都未有显著的正向作用，农户创业的收入流动效应并不明显。

表5-22　　　创业状态转变对长期相对收入流动的影响

变量	(1) incomegrowth	(2) mobility_ order	(3) mobility_ county	(4) mobility_ dengji
stayingself-employment	-0.022 (-1.34)	-0.059 (-0.21)	-0.050 (-0.18)	0.131 (0.42)
switchingself-employment	-0.020** (-1.99)	-0.265 (-1.43)	-0.291* (-1.74)	-0.215 (-1.23)
switchingworkers	0.018* (1.66)	0.273 (1.27)	0.324 (1.57)	0.162 (0.82)
控制变量	控制	控制	控制	控制
个体效应	固定	固定	固定	固定
时间固定效应	控制	控制	控制	控制

第五节　对研究结果的讨论

本章的实证结果显示，在绝对收入流动上，创业家庭和非创业家庭的短期收入流动和长期收入流动存在显著差异，创业活动强化了家庭收入流动效应表现。但是，创业家庭的短期和长期收入增长率都低于非创业家庭，创业活动在拉动家庭收入增长上并未展现出优势，且低收入阶层农户并未通过创业获得更好的收入流动表现。这一结论的经济学直觉在于，在控制个体或家庭特征因素的条件下，创业活动并不必然带来家庭收入流动质量的提高，与打工就业的工资性活动相比创业并未展现出明显的收入流动溢价。同样地，在相对收入流动上，当控制住个体特征和家庭特征时，创业活动在短期内没有体现出明显的收入流动效应，创业相对于就业并无明显的收入流动溢价，农户在短期内通过创业实现收入阶层的提升难度很大。在长期内，创业家庭的低收入增长不断累积，反而使创业农户更可能落入到更低的收入阶层。当充分考虑个体因素、家庭因素和环境因素的影响时，创业活动对创业家庭的收入增长和向上流动效应并未通过数据得到有效证实。这一研究结论可能会引起以下讨论：一是关于创业已有的众多研究证实了农村创业活动或农户创业行为在提高收入和减轻贫困方面的正向作用，如何解释研究结论和已有研究之间的联系？二是基于理论基础和机理分析提出的研究假设 2 并未得到证实，结果的不显著和反预期是否与数据质量和数据处理方式有关？三是从现实情况出发，研究结论与国家引导和鼓励农户创业的政策导向有所冲突，如何解释这种不一致？接下来对研究结果可能存在的质疑进行讨论。

一、与已有研究的联系

创业收益来源于剩余利润，就业收益则来源于工资，收益来源的不同使得创业家庭与非创业家庭在收入结构和收入水平上存有较大差别，这是创业家庭和非创业家庭的收入流动特征存在差异的基础。创业的收入效应分析依赖于与非创业收入的比较，如果创业收入显著高于非创业收入，可视为创业具有收入溢价效应，反之，则具有收入惩罚效应。从理论上说，创业活动相对于受雇佣的工资性活动，其风险更高、不确定性更强，一般会带来更高的溢价收入（Bernhardt，1994）。是否存在这一溢价是鼓励人们理性创业的关键，也直接关系着创业是否能够带动人们迈向更高的收入阶层以实现社会阶层的向上流动。从已有研究来看，创业活动给劳动者带来的到底是收入溢价效应还是收入惩罚效应，这随着国别、群体和区域的不同而研究结果各异。狄更斯和朗恩（Dickens & Lang，1985）对二元劳动力市场理论进行了实证检验，为双重市场理论提供了有力支持，即劳动力市场有两个不同的部门，具有不同的工资设定机制。一级工作部门的工作存在因为配给而导致的排队现象，这构成了不同工作之间收入差异的理论基础和实践证据。在认识到不同工作部门的收入差异基础上，许多学者研究了自我雇佣和工资性工作这两种工作部门或工作类型的收入差异产生的原因及证据。然而关于自我雇佣和工资性工作之间的收入差异如何影响劳动者，这一问题仍一直争议不断。

从研究结论上看，现有相关研究主要分为两类。一类是创业活动相对于工资性活动存在明显的收入溢价。国内有研究从城镇创业行为实证发现了创业相对于工资性工作的显著收入溢价，且从收入分层上看，收入分位数越高，创业的收入溢价水平越高（王春超、冯大威，2018）。农户创业虽然也存在溢价，但在绝对值和增长幅度上明显低于城镇自我雇佣（章莉，2018）。不同收入阶层和不同的创业类型下，创业的收入溢价也存在明显的差别。黄志岭（2017）的研究表明，农户自我雇佣确实能有效提高农民收入，且收入分层下高收入组自我雇佣收入显著高于工资性就业的雇员收入。国外研究中，马丁（Martin，2013）使用德国社会经济委员会（GSOEP）的数据，探讨了德国劳动力市场中自营职业者和有薪就业者的收入差异，发现德国企业家收入远远高于工资型就业劳动者，选择进入自雇行业本身也会对收入产生影响，因此考虑职业进入的自选择效应很重要。索格讷等（Sorgner et al.，2017）基于德国家庭调查数据发现，自营职业者和带薪雇员之间存在较大的收入差异，特点是雇主（有雇员自营职业者）的正收入差距和个体创业者（无雇员自营职业者）的负收入差距并存。如果按收入百分位来看，高收入百分位的企业家收入远远高于工资型就业者，而中等和低百分位收入则明显低于工资型就业收入，企业家类型是造成创业收入溢价异质性的一个核心因素。此外，莱文和鲁宾斯坦

（Levine & Rubinstein，2017）使用美国人口调查数据将个体经营者分为法人自我经营和非法人自我经营，从平均值和中位数来看，法人自营职业者的收入高于同等条件下的工资型雇员，而非法人自营职业者的收入则相对较少。

另一类研究发现，创业活动收益相对于工资性活动并无明显差异，不存在创业活动的收入溢价。里斯和沙（Rees & Shah，1986）使用英国住户调查数据发现，选择自营职业者的收入与选择成为雇员时的收入没有显著差异。伯恩哈特（Bernhardt，1994）使用加拿大男性代表样本研究了劳动者在自营职业和工资性工作之间的选择。研究发现，职业间的潜在收入差异是职业选择的主要决定因素，从事工资性工作的劳动者潜在收入相对于自营职业者更高，但是其可观察到的比较优势并不十分明显，潜在收入差异主要是未观察到的因素引起的。国内一些以农村家庭或农业转移群体为研究对象的创业活动研究也得出了类似的结论。劳动力市场分割的进入壁垒导致农户的职业选择并非完全基于比较优势，这使得农民的自我雇佣与真正意义上的自主创业有显著区别，它往往是在工资性劳动就业市场上受限后的次优选择。因此，相对于工资性就业的收入溢价并不明显（宁光杰，2012；曹永福等，2013）。还有研究发现，有独立合法经营条件的公司型创业或有雇佣工人的有雇员创业，相对于工资获得者才能获得更高的收入；而非公司型创业和无雇佣的自我雇佣者的收入获得优势并不明显（Levine & Rubinstein，2017；Sorgner et al.，2017）。

因此，虽然本书的回归结果未能证实根据理论基础提出的部分假设，但从已有相关文献的研究成果来看，本书的研究结论和已有的一部分研究存在一致性。在中国家庭追踪调查数据调查的创业农户样本中，绝大部分是个体户经营和无雇佣的自我雇佣者，因此创业家庭不存在相对于打工就业的收入向上流动效应，这一回归结果是可信的。现实中，创业的收入效应受到经济发展水平、能够提供的正规就业岗位数量、劳动者对非正规就业的态度、国家就业政策的取向，以及其他特殊社会制度的影响。我国农村地区经济发展水平不高，社会为农村居民提供的正规就业岗位数量有限，劳动者对选择创业的态度有可能是主动的积极选择，也可能是消极的被动选择。创业活动相对于打工就业的收入溢价效应能否充分体现，受到内外部多方面因素的影响。

二、数据和技术层面的问题

（一）可能存在的收入低报问题

研究与收入相关的话题需要高质量的收入数据，即使有能力实施周期长、范围广的家户调查，由于被调查对象倾向于瞒报收入、财富数据的动机，也可能无法保证数据可信性。此外，以问卷引导被访者回顾回答相应的收入来源可能带来的问题是，某些收入项目会被排斥在问卷所列示的提示信息之外，一些偶尔收入可能会被被访者遗漏，从而带来收入的低估。这种可能存在的数据可信性问题将会对研究结论的可靠性产生负面影响。本书将农村家庭分类为创业家庭和非创业家庭。对于创业家庭，尤其是从事个体私营企业的家庭处于保护隐私和避税的动机更有可能低报瞒报收入。笔者认为，收入流动的基础是收入在两期之间的动态变化，如果受访人有隐瞒和低报收入数据的倾向，那么在每一期都会有这种倾向。如果这种瞒报或低报的程度是比较稳定的，如受访人可能有意识地对每一期收入都少报一定的数额，那么下一期收入减去上一期收入的变化程度和没有瞒报时的情形差别应该并不大。相比于使用截面数据中的横向比较，这种误差在对收入变化的纵向比较研究中会有所缓解。

此外，本书还通过分析问卷中"个人收入地位评价"主观变量与家庭客观收入阶层的对应性和相关性来检验收入数据误差的程度。中国家庭追踪调查数据问卷询问受访者个人收入在本地属于 1 ~ 5 中的哪个等级，其中 1 代表最低，5 代表最高，这和本书对家庭收入等级的划分方式刚好一致。对个人主观收入评价和实际的收入阶层进行对比分析，发现按收入数据分类的客观收入阶层低于主观收入评价阶层的家庭占比只有 20% 左右，这意味着收入低报的程度并不严重。即便如此，依然无法完全回避收入数据存在的计量误差问题。考虑到家庭调查中收入数据采集可能存在的各种问题，再加上相对收入流动回归的结果并不显著，本书对回归结果符号为负的实证结论意义表达为：在控制户主个体特征、家庭特征以及外部环境特征的情况下，创业家庭相对非创业家庭并未在家庭收入流动质量上存在优势表现，对实证回归结果的系数值大小不做过分解读。

（二）收入等级划分主观的问题

本书对收入等级的划分是主观的，按收入高低排序的收入阶层划分可以是任何整数数量的收入等级，且阶层划分越细，相应的收入流动程度越高，观察到的收入流动特征可能也存在不同。本书对绝对收入流动进行的分析其实类似于将收入阶层按家庭样本数量进行了最大数量的分层。因此，当以五等分的收入阶层变动作为被解释变量时回归结果不显著，而以绝对收入流动，即收入增长率作为被解释变量时回归结果是显著的，部分原因就是收入阶层划分更细的缘故。但是，本书关于创业活动对收入流动的回归结果显示，不管是以绝对收入流动为因变量还是以相对收入流动为因变量，回归符号并不存在不一致。在进行了多种方式的稳健性检验后，结合现实中创业失败率普遍偏高的实际情况，本书的结论是可信的。

（三）计量分析技术问题

研究创业和收入之间的关系时，面临的最大难题便是创业和收入之间的内生性问题。到底是创业带来了高收入，还是因为高收入群体其实更可能从事创业，二者的关系十分复杂。已有研究大都只考虑了创业的自选择问题，且采用倾向得分匹配法来处理自选择产生的内生性。但是，创业的自选择只是创业和收入之间内生性的一部分原因，而且倾向得分匹配法并不是解决内生性问题的有效方法。本书在面板数据基础上控制了个体固定效应和时间固定效应，在多方面稳健性检验同时进行了内生性检验和工具变量分析，相较于已有使用截面数据的实证研究在计量分析和技术处理上都相对更加严谨。

三、与现实政策导向的关系

本书的研究结论与国家鼓励和支持创业的政策导向是一致的。国家鼓励和支持农村创业或农户创业的政策导向更多是基于创业的经济外溢效应的考虑，如拉动周边农户就业、优化农村产业结构和促进经济活动集聚等。而本书关注的重点则是创业活动给创业农户自身带来的以收入流动为表现的影响。因此，即使农户创业带来的收入向上流动效应并不优于打工就业，国家鼓励和支持创业也是符合农村发展要求和农民利益的。

对创业农户自身来说，农户创业在收入向上流动效应上的不显著并不意味着创业活动一定是亏损的或者是失败的，只是创业活动带来的收入增加低于非创业家庭或者未达到拉动家庭进入更高收入等级的程度。虽然创业带来的经济利益是农户进入和维持创业的根本动力，但现实中除了创业产生的经济利益，一些非经济利益也是农户在选择创业时充分考虑的因素。阿斯特布罗和陈（Astebro & Chen，2014）总结了一些创业存在收入惩罚效应但人们依然选择创业的原因，比如，沉没成本投资、对企业家精神的偏好、自雇群体内部的收入差异等。除了收入溢价外，创业者较高的工作自主性带来的较高工作满意度也是创业活动被选择的重要原因之一（胡枫，2017）。因此，本书的研究结论与现实中农村整体创业比率上升的现实并不存在矛盾。

─────── 第六节　本章小结 ───────

本章使用面板数据和双向固定效应回归模型，研究农户创业对农村家庭收入流动的影响并进行实证分析，旨在研究农户创业对农村家庭的经济福利效应。从绝对收入流动和相对收入流动两个角度出发，分别分析了农户创业活动对农村家庭收入增长率和收入阶层变动的短期和长期影响。得出的结论如下。

第一，以绝对收入流动为因变量的分析下，创业家庭和非创业家庭的收入流动效应存在明显差异，创业活动加剧了家庭收入流动程度，有利于激发经济活动。但是，创业家庭的短期和长期收入增长率均显著低于非创业家庭，创业活动并未给创业家庭带来明显的收入增长溢价效应。基于收入分层的异质性分析显示，短期来看，低收入等级创业家庭的收入增长率相对于高收入等级创业家庭更低；长期来看，高收入等级创业家庭收入增长率显著更低，低收入等级创业家庭收入增长率相较于同等条件下的非创业家庭也无明显正向优势。在控制个体特征、家庭特征及其他外部环境特征时，创业在拉动家庭收入向上流动以及改善低收入家庭收入流动质量上并未展现相对于打工就业的优势。

第二，以相对收入流动为因变量的分析下，短期来看，虽然创业家庭的收入增长率更低，但因为短期内收入变动幅度并不足以带来收入阶层的明显变动，创业家庭的收入向下流动趋势并未通过显著性检验。长期来看，农户创业对农村家庭收入阶层变化的影响依然为负，创业家庭因为更低的收入增长率累积而导致收入更可能向下流动，虽然回归结果并不十分显著，但相较于短期分析的解释能力有较大的提升。因此，不管是短期来看还是长期来看，在控制个体特征、家庭特征和外部环境特征时，农户创业并未给农村创业家庭带来相对于非创业家庭的收入向上流动效应，且创业活动也并未改善低收入家庭的收入流动质量。

第三，基于观察期间农户创业活动转变类型的异质性分析表明，与从未创业的农村家庭相比，保持创业家庭在短期收入增长和短期收入向上流动效应上均未显示溢价优势。低收入阶层在短期内放弃创业后，反而会获得明显的正向收入流动效应，说明低收入阶层适时放弃创业更加理性。长期观察中，虽然保持创业家庭展现了创业持续带来的收入流动溢价，但是长期内保持创业家庭样本的占比过低，难以带动创业群体在整体上显示收入向上流动的相对优势。

本章的实证结果显示，在控制个体、家庭和外部环境特征的前提下，创业家庭相对于非创业家庭的收入增长溢价效应并不存在，创业并不是农村家庭尤其是低收入家庭跻身于更高收入阶层的有效通道。从劳动力资源配置上看，在其他特征相同的情况下，农户不管是选择创业为主还是打工就业为主，两种资源配置形式在以家庭收入流动为表现形式的劳动力资源配置结果并没有明显差别。虽然这一结果与理论预期有所不同，但考虑与已有研究之间的联系、数据和技术层面的处理，以及与国家政策导向之间的关系，实证结论是可信的。

第六章　创业农户家庭收入流动
特征的现实原因分析

理论上，在控制个体特征、家庭特征和外部环境特征的情况下，只有创业相对于打工就业存在显著的收入溢价时，农户才会主动积极地进入创业，并在明显的正向收入流动效应下维持创业，从而充分发挥创业对经济发展的正向影响。根据第四章的分析，创业家庭的收入流动质量整体上呈现低于非创业家庭的特点，在改善收入分配上并未发挥正向改善作用。根据第五章的分析，在控制其他条件的情况下，创业活动在短期和长期内并未带动创业家庭收入呈现向上流动的趋势，创业活动未展现出相对于打工就业活动的收入增长溢价效应。分收入阶层来看，农户创业活动对低收入阶层的增收效应也明显有限，并未发挥拉动低收入家庭向上流动的通道作用。因此总体上看，农户创业虽然提高了农村家庭的收入流动程度，却并未改善农村家庭的收入流动质量。这种收入流动特征下，创业进入与退出频繁，创业持续性差，创业拉动经济发展、带动就业和促进增收的外溢效应也无法得到充分发挥。本章对农户创业活动带来这种家庭收入流动特征的现实原因进行具体的分析和探讨。

图6-1对创业农户展现出高收入流动程度与低收入流动质量并存的家庭收入流动特征的现实原因进行了总结。从资源、机会和主体三个维度出发，农户创业影响农村家庭收入流动的内在理论机制在于手头资源整合、经济风险承担和比较优势发挥。而从现实出发，经济

不确定性大大抬高了创业农户获得和使用机会的交易成本，城乡劳动力市场的分割限制了创业主体劳动力比较优势的发挥，人力资本水平的低下尤其是企业家能力的缺失约束着农户整合手头创业资源的能力。三种现实情况叠加的情况下，创业活动影响收入流动的三种内在机制在作用发挥上受到了很大限制，从而农户创业活动并未发挥改善家庭收入流动质量的优势作用。

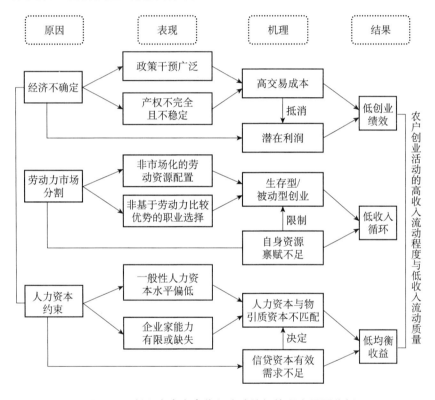

图 6 - 1　创业农户家庭收入流动特征的现实原因分析

———— 第一节　经济不确定性 ————

一、奈特的不确定性经济理论

经济学家奈特在其《风险、不确定性和利润》一书中提出，经济活动中存在的不确定性是利润的来源，而利润则是收入分配理论中的核心问题。奈特区分了两种不同意义上的不确定性，即风险和不确定性。风险是指可以依据概率分布进行可靠估计的不确定性；而不确定性，则源于人们对事件基本知识的缺乏，导致无法通过现有理论或经验进行预见和定量分析的未来可能性。无法度量的不确定性是利润存在的基础，当经济不断变化且存在不可测算的不确定性时，利润便作为对减少这种不确定性控制成本的回报而产生。与理性预期理论所强调的：行为主体根据信息在资源约束下评估成本和收益，且最终行为主体评估所根据的概率模型与客观真实的概率模型完全一致的观点不同，不确定性是无法通过概率分布来进行有效测度的。不确定性的存在为经济行为人创造了许多完全知识条件下所不具备的、实现效用最大化的机会。不确定性的增加会促使经济力量分散化，并增强经济行为人创新和开发新产品的动力，从而保持经济活跃。"通过识别不确定性中蕴含的机会，并对资源整合以把握和利用这些机会来获得利润"的经济行为人便是企业家，企业家通过承担风险获得剩余，而工资获得者则通过转嫁风险获得工资。

从外部环境来看，农户创业面临的以自然条件为主的客观环境和以政策导向为主的主观环境复杂多变；从内部条件来看，农户创业者的物质资本和人力资本水平可能无法达到有效把握并处理经济不确定性，二者推动农户创业活动的不确定性更强。这一方面给经济行为人创造了更多效用最大化的机会，但同时也提高了控制不确定性的交易成本。根据奈特的理论，降低不确定性控制成本的两种方法：一种是集中化，通过向保险公司投保将风险集中，将投保者较大的不确定性损失转变成较小的保费；另一种是专业化，通过扩大生产规模提高决策专业化和技能熟练度，降低不确定性的控制成本。但无论是风险集中化和还是决策专业化，对当下规模普遍偏低的农户创业活动来说均难以实现。因此，虽然创业活动的不确定性提供了工资性活动所没有的利润来源，使得现实中创业活跃度提升，但同时这种控制不确定性交易成本的增加使得农户创业的报酬相对于工资性活动并不具备明显优势，从而没有体现出拉动创业家庭收入向上流动的作用。

二、创业活动面临的不确定性

不确定性是我国经济转型时期的典型特征，农户创业面临的不确定性来源于各方面，这一方面给创业家庭收入流动创造了机会，另一方面也提高了应对不确定性的必要成本。现实中，经济不确定性因素主要来源于政策不确定，虽然市场机制逐渐成为资源配置的主要方式，但中央和地方政府在制定和执行经济政策以促进经济发展方面发挥着重要作用（宫汝凯，2021）。尤其在农村地区，精准扶贫政策和乡村振兴战略的实施下，政府在发挥农户创业导向方面的作用更加明显。宏观政策不确定性的表现上，政策出台之前，未来政策的形式、内容和持续时间均很难被准确预测；政策出台之后，政策执行强度和效果不一，以及政策的频繁调整对创业能否长期持续产生很大变数，从而创业者面临对未来的不确定性预期。地方或局部政策不确定性的表现上，中央—地方的分权制管理模式下地方政府会通过基础设施建设、招商引资、创业园区建设等地区性经济发展政策意图促进区域经济发展，地方政府官员的变更往往带来新旧政策的中断执行或交替调整，从而导致地区性政策的不连续和不确定。因此，创业决策和创业绩效会受到这种双重政策不确定性的影响。农户创业面临的经济不确定或政策不确定主要表现在以下两个方面。

（一）政策干预广泛存在，要素市场化程度低

外在的不恰当干预会带来要素价格的扭曲，进而导致资源错配。当市场机制在劳动力资源配置中起决定性作用时，通过劳动力的市场

化配置来实现就业或创业才是劳动力市场的正常有序状态。现实中农村创业的主体，尤其是在农村本地进行创业的主体，大多拥有一定政治资本的农户，这些创业者当中很多人选择创业并不完全是劳动力市场化配置的结果，而是为了享受相应的创业补贴或者完成地方政府关于创业和就业的目标考核，这在很大程度上是政府干预的结果。在政府干预高于市场导向的环境下，拥有一定政治资本的农户更容易从政府获取创业所需的资源，但是作为代价，创业者往往需要花费大量的时间和精力与政府打交道，这构成了创业中的一项重要成本。另外，地方政府，尤其是基层政府会对本地创业者经营活动和收益分配进行直接干预，以完成上级政策下放的一些指标任务。笔者在调研过程中了解到，在执行精准扶贫战略时，有些地方政府将财政切块资金以入股的方式强行注入一些以合作社形式运营的个体私营农业企业，为了完成扶贫指标要求企业以保底分红的形式进行分红，这并不符合入股资金的收益分配形式，强制性地将保底分红转化成了企业的运营成本。为了避免政府延长贫困户保底分红期限并加码保底分红金额，创业者缺乏扩大经营规模和改善经营业绩的内在动力。劳动力配置的市场化程度低，创业呈现出政策出台时各方为了对政府补贴"分一杯羹"而"一拥而上"，完成扶贫任务指标后创业内在动力不足和外在激励缺失，创业很容易陷入"低水平均衡陷阱"。

（二）产权不完全且不稳定，资产难以转化为资本

创业是一种投资行为，资本是创业的前提。资本是农户所拥有的资产创造剩余价值的潜能，而这一潜能是否能够充分发挥取决于资产的正规所有权制度的建立（de Soto, 2000）。当正规的所有权制度没有建立时，资产便无法在市场上交易，从而无法创造出资本。根据德索托（de Soto, 2000）对资本形成的阐述，所有权通过确定资产中的经济潜能、综合分散信息、建立责任制度、便利资产互换、建立人

际关系网络和保护交易这六个效应来将资产转化成资本。在我国农村地区，农户拥有的资产存量是巨大的，但是资产的权利并不是完整的，农户对于资产主要构成部分中的土地和宅基地并不拥有所有权，只有承包经营权或使用权。这种不完全的产权限制了资产的市场化交易，形成了"僵硬的资本"，不能为提高生产力服务也无法创造剩余价值。农户创业所需资本只能依靠自身积累和外部提供，但外部提供资本往往有刚性的门槛条件限制，只有少数群体可以享受。农户资产权利不完整的现实下，农户拥有的权利必须让步于所有权，政策干预的广泛存在强化了对未来不确定性的预期。在2013年农村确权登记工作全面推进之前，基于人地关系改变的农地调整一度成为农村地区普遍发生的现象（李尚蒲、罗必良，2015）。地权的频繁变更弱化了产权的排他性，产权稳定性缺乏进一步强化了农户对经济不确定的预期，从而对劳动力转移和农业长期投资产生了不利影响。产权的明晰和稳定，一方面通过排他性约束授予经济主体努力与收益相一致的获取权利，强化产权主体的稳定性预期，增强行为主体生产性努力的内在激励，从而改善资源的利用效率；另一方面通过交易性赋权，便利化产权的自发性流转交易，使各行为主体可以在产权约束范围内最大化地配置生产要素获得最大利益（罗必良，2022）。产权不明晰和不稳定对农户创业绩效有重要影响，产权不稳定会强化农户的不确定性预期，通过安全性感知诱发农户抬高土地转出价格，提高土地流转的租金，增加创业农户的成本；产权不明晰则会限制土地的市场化流转，增加土地交易费用，土地经营权贷款融资功能无法正常发挥，妨碍农户创业投资的增加和规模的扩大。

第二节　劳动力市场分割下的生存型创业动机

一、劳动力市场分割理论

发展中国家劳动力市场研究的一个关键问题是，就业选择差异（自我雇佣还是工资获得者）到底主要是由劳动力市场分割造成的，还是主要反映了劳动者自我选择和劳动能力比较优势发挥的结果（Arias & Khamis，2008）。由此产生了劳动力市场分割理论（由于存在劳动力市场分割和区别性歧视，而迫使具有相同劳动能力和优势的劳动者选择不同的就业形式）和比较优势理论（劳动者是追求效用最大化的理性经济人，他们会权衡不同就业状态的成本和收益，选择能够实现个人净收益最大的就业状态，从而每个劳动者都选择最适合自己的职业形式，充分发挥劳动力的比较优势）。劳动力市场分割理论认为，劳动者更喜欢正规部门较高的工资和福利，但许多人可能由于劳动力市场僵化制度，如工会、最低工资和效率工资以及国家法规执行不力导致的不平等市场力量而被配给。而竞争性劳动市场理论则将职业选择视为劳动者和企业权衡各种私人成本和收益的结果，劳动者选择的职业能够发挥其品位和技能产生最大的净优势，个人通过选择更适合其能力范围（包括认知、社会资本和技能）的工作而获益并产生比较优势。

不同的职业选择理论直接解释了不同职业间收入差距的形成原因。劳动力市场分割理论下，职业选择不同造成的收入差异是部门间职业流动的制度性障碍引起的，能力特征相同的劳动者在职业流动受限的情况下存在明显的收入差异，且这种差异会随着时间不断自我增强。比较优势理论下，劳动力市场是充分竞争的，职业选择是劳动者和雇主共同权衡成本和收益的结果，自我雇佣式就业是劳动者竞争性优势发挥或者为了享受一些非金钱利益（如更灵活的工作时间、开发创业能力、改善流动性等）的结果，这些因素对成为企业家至关重要。竞争性劳动力市场下，不存在劳动力市场分割，职业流动是没有制度障碍和部门限制的，能力的差异是职业收益不同的主要原因，职业之间的收入差异是收入流动的基础。在劳动力市场不存在分割或进入壁垒的情况下，只有当创业收入大于工资性就业收入时，选择创业才是劳动者的理性行为。但是，受制于经济发展水平和经济结构制约，劳动力市场上经常出现多元化分割状态，尤其是被视为正规就业部门的工资性就业。在雇主和劳动者的双重选择结果下，进入壁垒更高，使得劳动者选择自我雇佣或创业的择业标准并不单纯是收入高低。在劳动力自由流动的市场上，作为理性经济人，农户选择从事工资性活动还是创业活动主要取决于自身的劳动力比较优势，比较优势的充分发挥是农户享受平等的市场参与机会的表现。如果市场参与机会不平等，无法掌控的外在环境因素将造成收入获得机会的不平等，从而对收入分配产生影响。机会不平等下，个体可控因素对提高收入的影响有限，自身资源禀赋有限或处于劣势的经济主体将很难向更高的社会阶层流动，低收入群体因自身资源禀赋劣势的不断累积陷入低收入陷阱的循环，难以向更高的收入阶层流动。

二、城乡劳动力市场分割下的农户生存型创业动机

（一）农户创业动机的分类与现状

马斯洛的需求层次论为个体或家庭的创业动机提供了理论依据。从个体需求出发，创业者或创业家庭的创业动机从根本上来看源于两方面需求的激励，即经济需求和社会需求。农村家庭创业的根本动机是追求经济利益，是否进入创业以及是否持续创业根本上取决于创业活动能否带来经济利益。一般来说，通过创业，农村家庭可以获得个

体利益、家庭利益和社会利益。基于需求层次论，社会利益只有在个体利益和家庭利益得到满足的基础上才会产生需求。具体来说，对个体利益和家庭利益追求的外在表现形式可能是谋求生存、摆脱贫困，这是经济方面的生理和安全得到满足的需求标准，满足这一需求标准的创业动机称为生存型创业动机。而社会利益表现为，在基本的生理和安全需求得到满足后，对尊重和自我实现的追求，其外在表现形式是识别并抓住创业机会，力图实现收入阶层的向上流动和社会阶层的进一步提升。这种以满足自我发展为需求标准的创业动机称为机会型或发展型创业动机。

根据中国家庭追踪调查 2010 年和 2012 年的数据显示，以是否雇佣劳动力来界定生存型创业和机会型创业时，从事个体私营活动的创业中没有雇佣劳动力经营的家庭占比为 72.85%；以创业所属行业来界定生存型创业和机会型创业时，从事门槛较低的服务行业的生存型创业占比达到 88.13%。此外，笔者实地调研了解到农户创业投资来源构成情况中，农户创业资金来源中自有资金和亲戚朋友借款占绝大部分，这也是生存型创业的标志之一。生存型创业的创业绩效提升往往有限，创业活动对收入拉动的作用有限。在创业领域，机会型创业更加注重技术开发、专业性和创新性，而生存型创业更加集中于低进入门槛、低技术要求的模仿性创业活动，这种通过技术模仿复制成功经验的获利空间有限，超额获利机会稀缺，收入增加并不明显，而且伴随着资本和能力的缺乏，创业活动持续进行和创业规模扩大的可能性更低。

（二）劳动力市场分割下的农户创业选择

改革开放以来，劳动力自由流动使得城乡二元制下劳动力市场分割的状态大为改善，劳动力市场得到进一步健全和发展，但市场转型过程的渐进性特点和制度变迁的路径依赖，带来了劳动力市场中以体制为机制划分的新型二元分割状态。这种劳动力二元分割的结构性差异很大程度上作用于劳动力流动的发生、方向和结果，进而对社会整体的分层结构和不平等状况产生影响（周扬、谢宇，2019）。体制内的劳动力市场为体制内成员提供了稳定性效应（降低体制内的工作流动率）和收入效应（更高的收入增长溢价），而劳动力市场分割产生的壁垒效应阻止体制外群体流入体制内，使得体制外成员相比之下承担更多的收入风险。这种体制内和体制外的劳动力市场分割与正规就业部门和非正规就业部门很类似。我国劳动力市场比较明显地分割为农村就业部门、城市非正规就业部门和城市正规就业部门，农村劳动者大部分被限制在农村就业部门和城市非正规就业部门。农村劳动者一方面人力资本较差，很难实现从非正规到正规部门的工作流动，工作稳定性低；另一方面经济转型下，原有的劳动力比较优势逐渐丧失，使得他们易受经济波动影响而不得不频繁变换工作。在无法进入城市正规就业部门，以及非正规就业无法提供有力保障的情况下，经历临时就业和重复性失业的循环交替后，自我雇佣式就业成为农村劳动者替代非正规就业的一种就业形式，以解决生计问题。这种被动创业活动一方面受创业资源不足、基础设施较差以及专业知识匮乏等制约，创业经营缺乏稳定性和可持续性；另一方面涉及农业生产的农村家庭创业绩效会同时受到市场波动、自然环境以及农业生产周期等多方面的影响，不确定性较高，低收益和高风险可能使农村家庭创业绩效低下，创业失败率和退出率高。第三章的表3-3显示，农户短期创业持续率不高，长期创业持续率更低。当农户创业作为非正规就业的一种替代就业形式存在时，创业相对于就业在收入获得和增长上并无明显优势，因此，二者在收入流动上未表现出明显差别是符合现实情况的。

另外，基本公共服务的差别对职业选择也具有重要影响。尤其在农户非农创业群体中，农业转移人口占了很大的比例。由于户籍制度的城乡分割功能，农业转移人口无法享受与城市居民均等化的教育、医疗、社会保障和住房保障等基本公共服务。虽然户籍制度改革和居住证管理为农村转移劳动力提供了与城镇劳动力获得平等公民身份的机会，但身份的平等并不必然带来实际权利的平等。在选择就业部门和职业时，拥有"城镇非农劳动者"身份的群体在城镇劳动力市场上仍然处于劣势地位（姚先国等，2016）。在生命周期的早中期阶段，劳动力比较优势尚能充分发挥以在劳动收入和就业门槛上遭受较少的歧视，但到了晚期阶段，劳动力在被雇佣工作上的比较优势丧失，在劳动力市场上被排斥，无法完成永久性迁移的劳动群体只能返乡就业。除了这种被动式的返乡就业，城市居高不下的房价也降低了农业转移人口在城市落户定居的意愿，从而驱使着一部分群体返乡就业。返乡创业成为一部分返乡群体的就业选择，但是这种创业大多数情况下并不是基于人力、社会或金融资本的优势而主动进行的就业选择，更多的是在被城市正规劳动力市场排斥和市民化意愿与能力的缺失或不匹配之下被动做出的选择（袁方等，2021）。这种被动选择并不是作为理性经济人基于资源稀缺性和资本约束作出的最优决策过程，而是外部环境制约下的次优选择。这使得决策主体的经济活动无法产生最大化的效用，在目标上只能达到解决生存需求的目的，在收益上只能达到维持当下生计的程度。

第三节　信贷约束与人力资本约束

一、农户创业的信贷约束

不完全资本市场下，"有限责任"和"道德风险"限制引致了金融机构的"惜贷"现象，造成一些微观群体受信贷配给或金融约束的状况明显，这也是中国农村金融市场不完善下农户创业受金融约束的原因。穷人因为初始财富少，相较于富人面临着更大的借贷限制，这一限制反过来又使他们无法采用有效的技术或选择有利可图的职业，因此贫穷会通过代际传递长久维持下去。这意味着，与新古典增长模型不同的是，在所有参数（包括能力）方面相同的两个经济体，如果最初拥有不同的财富分配，从而拥有不同规模的信贷配给，那么最终可能会在稳定状态下获得不同水平的人均收入，并不断扩大成为两极分化的状态。班纳吉和纽曼（Banerjee & Newman，1993）在此思想上将经济发展模型化为一个制度变迁的过程，在"不完全市场—职业选择—收入分配"理论框架下研究了代理人职业决策与财富分配之间的相互作用。在静态平衡中，职业结构取决于初始分配；当初始分配本身是内生的时，通过动态扩展模型可以研究初始财富分布对收入差距演变的长期影响。考虑到农业生产活动的特点，"不完全市场—职业选择—收入分配"理论框架应用于农业经济学领域则演变为"金融约束—职业分化—收入分配"理论框架。在发展中国家的传统农业生产活动中，金融约束状况和农户拥有的土地数量和质量是紧密联系的，在农业生产作为农户主要甚至是唯一经济来源的经济环境下，发生了在金融约束影响下以土地为依托的农户职业分化，会反过来影响农户收入和财富积累。当土地是财富的主要构成部分时，财富的不平等带来了信贷机会的不平等，从而加剧了资本在农户之间的分化。从具体的信贷种类上看，生产性信贷机会的不平等很大程度上影响了农户在成为农业劳动者和耕种者之间的选择，带来农户职业分化。消费信贷的可得性则直接决定着农户的避险能力和风险承受度，从而影响农户的新技术采用决策，带来经济/收入分化。当信贷经常发挥吸收消费不利冲击的保险作用时，农业雇主经常也会直接充当贷款人的角色，从而直接影响农户在自耕或被雇佣之间的选择，带来职业分化。

大量的已有研究显示，信贷约束，尤其是正规信贷约束对创业选择和创业绩效存在明显的负面影响（彭克强、刘锡良，2016；蔡栋梁等，2018；李长生、黄季焜，2020）。理论上，在信息不对称下，提高利率带来的逆向选择和道德风险问题使得信贷配给作为一种长期均衡存在（Stiglitz & Weiss，1981），其中低财富和低收入家庭更可能被排除在正规信贷市场之外。现实中，人力资本是农户最主要的家庭财富，但其价值难以评估且无法交易，而土地经营权抵押受限、宅基地无法入市交易等现实约束，制约了其进入正规金融市场的机会，因此面临信贷约束成为农村家庭的常态。相对于普通农户，创业农户因为资金需求更大而更可能面临信贷约束状况。笔者在实地调研中了解到，农户创业资金按构成比例高低，主要来源于家庭储蓄、非正规贷款、政府补助、正规贷款。其中，政府补助需要满足一定的硬性标准，且范围和金额有限；商业性贷款需要有抵押要求，显性成本高；政策性贷款存在精英俘获效应，隐性成本高。因此，农户创业资金大部分来源于自有资金和非正规贷款（主要指亲戚朋友借款）。除年轻群体偶尔使用数字金融产品解决临时性资金周转外，以正规贷款作为资金来源的占比非常低。但是，这种正规贷款占比低的情况到底是因为农户创业对正规贷款的有效需求无法得到满足的被动结果，还是农户对正规贷款需求本来就不高而产生的主动选择？如果是前者，那么农户创业确实是面临着正规信贷约束的。这种融资限制一方面阻碍有能力的农户开展创业，另一方面使得已经创业农户的创业规模受到限制，难以达到充分发挥经济效益和社会效益的最优创业规模，从而可能导致农户创业的收入向上流动效应不显著。如果是后者，则不能武断地得出农户创业受到正规信贷约束的结论，因为农户创业的资金需求完全可以通过其他渠道得到满足。笔者通过访谈了解到的情况是，正规信贷占比低的原因主要源于后者，在农户进行创业进入决策时，一方面依靠自身资本和财富状况，另一方面依靠政府政策的拉动和支持，通过主动寻求商业贷款自发性创业的情况很少。这种创业决策模式下，进入创业以及扩大创业规模决策与创业家庭的收入和财富状况高度相关，高收入阶层则更可能从事创业活动。

从第三章的表 3-2 可以看出，农户创业家庭占比从最低到最高收入阶层呈逐渐增加之势。这种分布特征下，创业家庭的收入能否实现向上流动，主要取决于自身的初始财力状况和应对风险的能力。初始收入阶层越高，即使在短期内面临不利冲击，较大的风险缓冲空间也可以缓解收入向下流动的程度；如果出现有利的冲击，则高收入阶层可以进一步巩固其收入地位。中低收入阶层的创业活动受自有资金限制，创业的规模较小，仅能维持在生存创业水平，即使创业成功，收入向上流动的程度也有限；如果遭受不利冲击，收入则会降低到更不利的地位。

高收入阶层农户更高的创业比例与创业家庭的低信贷需求可能存在矛盾，毕竟国外众多研究（Evans & Jovanovic，1989；Holtz-Eakin，1994；Blanchmobilityer & Oswald，1998）通过创业和资产禀赋高度相关的事实，力证创业家庭面临信贷约束或者流动性约束。与此同时，证明流动性约束可能并不是家庭创业决策的决定性因素的研究也不乏存在。赫斯特和卢萨尔迪（Hurst & Lusardi，2004）的实证研究发现，财富和创业之间的关系基本上是水平的，他们认为这很可能是因为家庭从事创业的初始资本要求较少或者美国金融市场本身运行良好的缘故。虽然金融市场运行良好并不符合当下农村金融市场的现实，但初始资本要求较少这一因素确实适用于解释低收入农户创业较少受信贷约束影响的原因，因为农户创业门槛一般比较低，低收入农户更可能从事的是"小本"生意。卡兰等（Karlan et al.，2014）以在加纳北部随机分配现金补助和保险产品为例，用实验经济学的方法就信贷约束和风险约束对农业生产决策的影响进行了分析，得出的结论是单纯的资本约束并不是问题，风险其实是投资的关键阻碍。相对于小额信贷网络和基础设施，更加完善的风险管理工具更有必要。而现实中，完善的创业风险分担机制远未建立起来，风险的识别和应对主要还需依靠创业者个人能力。

二、农户创业的人力资本约束

（一）人力资本理论

从经济发展的动力出发，人力资本对经济增长具有决定性意义。经济学家卢卡斯（Lucas，1988）就新古典增长模型无法解释国家之间收入水平和增长率的巨大差异的经验缺陷，吸收舒尔茨和贝克尔的人力资本理论，建立了一个以人力资本内部效应为基础的内生增长模型，将人力资本积累视为经济长期增长的内生决定性因素。从收入分配的影响因素出发，人力资本是收入差异的重要来源，劳动力资源的市场化配置机制下，人力资本存量高的个人得到的收入一般也较高（张车伟，2006）。从创新的角度出发，人力资本的积累和人力资本的合理配置是创新发生与创新绩效提高的基础和关键（赖德胜、纪雯雯，2018）。从微观视角出发，分析人力资本对创业决策、创业行为和创业绩效的影响，需要首先界定人力资本的具体内涵，人力资本的具体内涵还从另一个角度给出了人力资本积累的方式有哪些。作为最早提出系统的人力资本理论的经济学家，舒尔茨（Schultz，1961）将人力资本投资活动集中在医疗保健、在职人员培训、正式学校教育、技术推广学习项目以及与职业转换有关的迁移五个方面。因此，家庭成员健康水平、接受的职业培训、受教育程度以及外出打工经历等都会对创业收入产生影响。贝克尔（Becker，1964）将人力资本定义为"体现于劳动者身上的以其数量和质量形式表示的资本"，人力资本投资则是"用于增加人的资源、影响未来货币和消费的投资"，具体的投资活动包括正规学校教育、在职培训、医疗保健、迁移以及收集价格和信息等。随着专业化分工的加强，形成了各种专用性的人力资本和物质资本，与新古典经济学下的同质性假设不同，职业选择决策过程中，人力资本的非同质性带来的影响愈加明显。按人力资本的特性可以将人力资本分为一般性人力资本和特殊性（专用性）人力资本，特殊人力资本的形成和积累是收入增长的源泉。根据中国家庭追踪调查数据统计情况来看，创业农户在家庭受教育水平、家庭成员健康水平上只是略高于非创业农户，并无明显优势。创业农户中每年接受职业技能培训的比例极低，各方面的一般性人力资本水平相较于非创业农户并无明显优势。如果从企业合约的视角看待农户创业活动，那么一般性劳动、专业管理知识和能力，以及企业家的经营决策这三种人力资本是必需的，他们在生产中的功用不同，和其他经济资源一样，其价格是由其相对稀缺性决定的（周其仁，1998）。农户创业活动大都以个体私营和自我雇佣活动为形式，所需的三种人力资本一般在家庭内部整合，有时甚至需要集中于某一经济个体。是否拥有企业家能力这种特殊性人力资本决定着创业能否获得相对于打工就业的超额利润或收入溢价。

（二）企业家和企业家能力

新古典经济学将人力资本直接视为生产要素之一的劳动，土地、资金等物质资本可以完全替代，生产者可以利用要素之间的相对价格对资源进行合理配置以达到最优生产规模。在这种生产要素视阈下，企业家的人力资本和非企业家的人力资本完全等价，没有实质区别，提高劳动生产率的直接且唯一有效方法是对劳动者提供激励（王开国、宗兆昌，1999）。现实中创业所需的人力资本与打工就业所需的人力资本明显不同，创业农户所需的资源整合能力要高于普通农户。新古典经济学忽略了企业家这种特殊的人力资本，并回避了对企业性质和特征的研究。然而，作为将人力资本和物质资本相结合的生产组织形式，企业和企业家是经济现代化和经济从非均衡到均衡恢复过程的关键角色（郑江淮、袁国良，1998）。

对于企业家和企业家能力的定义和内涵，不同的经济学家提出了不同的观点。熊彼特（Schumpeter，1927）在其经济发展理论的论述中将企业定义为生产手段（生产资料）的新组合，企业家则是执行实现新组合职能的人们。与其他直接将企业经理、厂商头目或者企业管理者视为企业家的研究不同，熊彼特认为这些发挥职能的人只有在实际上"实现新组合"时才是一个企业家。因此，企业家并不是一种持久性的职业，也不形成一个专门的社会阶级，但是企业家的职能会给成功的企业家及其家人带来某种阶级地位。企业家实现生产手段的新组合时，便会打破循环流转的均衡经济状态，获得企业家利润，实现经济和收入的质的飞跃。企业家之所以是一种特殊的群体类型，因为其以"创新"作为其特有的行为目的，而且以具有相应的才能为先决条件，这种才能与仅仅从事理性经济行为的才能相比，程度和种类大不相同。成为熊彼特笔下的企业家的要求相对较高，需要满足是经济变革的"发起者"或"领导者"，相应地，要求具备的企业家才能也较高。而且，拥有这种能力不仅依赖于先天的智慧，还要依靠有力的指导。就现实来看，虽然创业是拉动农村经济发展的引擎，但进入创业的普通农户很少能达到熊彼特对企业家界定的高要求，但熊彼特对企业家和企业家能力的要求至少说明了，如果试图达到更高的相对收入水平，传统下的理性经济人要求是远远不够的。奈特（Knignt，1921）认为，在存在不确定性的情况下，生产决策比实际生产活动更重要，这带来了决策和控制权集中的必然结果。企业的本质是经济活动的决策和控制功能的专业化，功能专业化带来了报酬类型是契约收入（工资）还是剩余收入（利润）的差异。风险规避者交出自己对不确定性的控制权而获得契约收入，而风险偏好者即企业家通过承担风险获得剩余收入。企业家需要识别不确定中蕴含的机会，并通过对资源整合来把握和利用机会。此外，企业家还需要具备商业才能，即对外部因素的判断能力和执行能力，包括管理能力、积极性、提供担保的能力以及这些能力配合的一致性。从理论联系实际上看，奈特关于企业家和企业家能力的论述与现代公司制企业保持一致，正是因为不确定性的存在和风险分担机制的要求，产生了控制权和经营权的分离，从而有了公司制的安排。虽然奈特的企业家界定没有熊彼特对企业家的界定要求高，但是奈特强调决策集中化和企业规模的重要性，达到他所界定的企业标准一般都是有一定数量获得契约收入的雇员的公司制企业。而本书对农户创业的界定则是个体私营活动，对创业主体能力的要求可能不需要那么高。但是，农户创业过程也会面临各种各样的风险，这些风险连同主观和客观条件的不确定性，使得市场的不完全竞争程度较高，加之创业者对未来不确定性的知识和信息不完备程度较高，从而创业者应对风险的能力较弱，应付风险成本更高，获得的剩余利润就会更低。

相较于熊彼特和奈特，舒尔茨对企业家和企业家能力的界定更加宽松和广义。舒尔茨（Schultz，1972）在对农业经济的研究过程中发现并认为，农民在与成本、风险和利润打交道的过程中，始终算计着个人收益，是能够敏锐地适应经济形势的经济人。从这一点看，这些农民都可以被看作是企业家。舒尔茨认为，劳动者变成企业家并非奈特所认为的是由于公司股份所有权扩散以规避风险所致，而是由于他们获得"具有经济价值的知识和技能的结果"。与熊彼特看法一致的是，舒尔茨也认为企业家在经济从非均衡到均衡的演化过程中发挥着关键角色，但是舒尔茨对于企业家的界定标准并不像熊彼特那么严格。企业家能力并非全部来自先天禀赋，理性经济人都可以通过后天的人力资本投资和积累成为企业家。除了熊彼特、奈特和舒尔茨之外，还有其他经济学家对企业、企业家和企业家能力进行了论述。虽然观点各有所异，但是其共同点在于他们都认为企业家并不是一种固定持久的职业，而是经济个体表现出来的一种特殊职能，只有在这一职能发挥时才会带来经济发展和收入增长。

我国农户创业的特征是风险高、规模小且以生存型创业为主。从创业类型上看，大部分都是被动进行的模仿型创业，鲜有主动的创新型创业。在信息收集机制和变动适应能力相对城市环境更差的背景下，农户创业是在最先对经济变动作出反应的创业者破坏原先均衡状态的后期加入进来的。此时的非均衡状态因为创业者的不断加入已经趋向稳定于下一个均衡，这样后进入的行动相对缓慢的企业家所形成的预期收益低于早期进入的企业家，有些甚至很快被市场竞争所淘汰。从人力资本促进经济发展的内在机制上看，只有创新型创业才体现了企业家精神并发挥了企业家职能，发起创新型创业的主体才是真正的企业家，并具备相应的企业家能力。如果将企业家能力的界定放宽，像舒尔茨所论述的，对经济条件的变化作出反应，在自己的经济活动空间中重新配置时间和其他资源，可以将小企业主、农场主等自我雇佣者，甚至是家庭主妇都视为企业家。这样，除了要素重新组合、风险承担和资源整合，技术研究、财务管理、计量监督、时间分配等活动都是企业家职能的体现。从现实来看，发现经济机会、组合生产要素和整合经济资源的能力，相较于受教育水平，更多地与人力资本中的信息获取能力和管理经验相关。尤其就承担风险的意愿和倾向来看，受教育程度越高的经济个体反而越倾向于从事风险更低的职业。而技术研究、财务管理、计量监督和时间分配等活动更多地与受教育水平正相关。在农村受教育水平较高的人群永久式迁移到城镇的背景下，农户创业活动难以提供足够的激励拉动这部分人返乡，人才短缺成为农户创业的短板。企业家能力的缺失或有限决定了农户创业活动相对于其他方式的创收活动并不必然具有收益上的相对优势。

三、人力资本和信贷资本的匹配

阿拉卜和伊勒沙（Allub & Erosa，2019）假设代理人在管理和工作技能上是异质的，从而在不完全资本市场下，职业选择取决于技能比率、资产和技能的绝对水平，而收入差异是由于技能、资产和回报率的异质性造成的。资本市场的不完善扭曲了技能回报，从而扭曲了职业选择。严格的借贷限制降低了雇主管理能力的回报率和个体经营者提供的综合技能投入的回报率，还提高了企业家面临的资本成本。此时，信贷约束才会成为制约创业进入和扩大创业规模的主要因素，同时对创业绩效造成负面影响。由此可见，信贷约束是否成为创业绩效的制约因素取决于创业者相应的人力资本水平。相较于信贷约束，制约农户进入创业或扩大创业规模，进而导致创业难以拉动创业农户收入向上流动的最主要原因是人力资本约束。提高农户创业绩效，不光要靠政策的拉动和资金的推动，更关键的是农户创业自身条件的提升。

舒尔茨（1979）早在分析穷国的经济学中就指出，如果仅仅增加非人力资源，但是人的能力没有与物质资本保持同步提高，资本吸收率必然低下，从而限制经济增长。这一宏观视角下的经济发展经验也适用于微观视角下的创业活动。熊彼特（1927）也强调，实现生产要素新组合（即创新）过程中信用的重要性，资本家因为有能力提供新生产资料购买力，有时候会直接履行企业家的职责，此时资本家就是企业家，尤其在早期的小企业经常发生这种情况。因此，人力资本和物质资本的协调统一很重要，人力资本影响创业者的主观能动性，而金融资本则反映了创业的客观条件，人力资本水平必须与使用金融资本的能力相匹配。

现实情况下，低收入创业农户金融资本短缺和企业家能力匮乏同时存在，而高收入创业农户虽然可以通过自身财力缓解信贷约束，但是有限的人力资本水平却无法支撑其向更高的规模扩大企业经营。在企业家能力缺失或有限的限制下，多数农户并不像熊彼特所论述的需要借助额外的信用以开展创业，使用自有资金即可满足与自己能力相适应的创业水平和规模，这也是现实中农户创业有效贷款需求并不高的根本原因。当正规信贷是稀缺资源时，为了进入创业，农户会充分调动自己的资源动员和组织能力，尽力使用其他资源来替代稀缺的资本，从而信贷约束并不是进入创业的主要抑制因素。即使改变信贷约束状况，但人力资本水平没有同步提升，农户始终难以冲破小规模家庭式经营的束缚。低人力资本水平制约了创业农户对金融资本的有效需求，他们缺乏打破现有经济均衡的能力和激励。绝大多数创业主体都是在现有均衡被打破的后期才进入市场，而在这种状态下，超额利润往往已经被大规模的先进入者所分享，因此，他们很难获得新的收入溢价。虽然从整体上看，信贷约束可能在很大程度上制约了农村经济的发展，但是对于创业农户来说，它并不是制约收入增长的关键要素，创业促进经济发展和收入增长的关键在于提升人力资本和加强能力建设。

第四节　本章小结

本章分析了农村创业家庭收入流动特征，即创业活动虽然提高了家庭收入流动程度却并未改善家庭收入流动质量的现实原因。首先，农户创业面临政府干预导致的要素市场化程度低，以及产权不完整、不稳定带来的资产难以转化为资本等问题，这强化了创业农户对未来的不确定性预期。这种不确定性预期限制了农户的创业积极性，同时也提高了融资和交易成本，降低了基于不确定性产生的创业利润，拉低创业绩效对创业家庭收入的贡献。其次，城乡劳动力市场分割限制了劳动力比较优势的有效发挥，大部分农户并不是出于人力资本优势主动选择创业，而是在被城市正规部门排斥后为了维持生计替代被雇佣活动的被动型选择。这种生存型创业集中于低进入门槛、低技术要求的模仿性创业活动，普遍规模较小且获利空间不大，对比被雇佣活动并不具备显著的收入溢价效应。最后，创业农户一般性人力资本相对于非创业农户并不具备明显优势，专用型人力资本即企业家能力缺失或有限，这制约了创业农户对金融资本的有效需求，缺乏打破现有经济均衡的能力和激励。绝大多数创业主体都是在现有均衡被打破的后期才进入市场，而在这种状态下，超额利润往往已经被大规模的先进入者所分享，因此，他们很难获得新的收入溢价。在人力资本没有同步提升的情况下，即使改变农户创业的信贷约束状况，扩大创业规模和提升创业绩效仍然无法持续。

第七章 研究结论与启示

―――――― 第一节 研究结论 ――――――

提升农户收入水平是农村经济发展的首要目标，提升社会阶层流动并改善农村内部收入分配是实现共同富裕的关键。本书从职业选择行为的经济福利和社会福利双重效应出发，研究了农户创业活动对农村家庭收入流动的影响，以及不同收入阶层下农户创业活动的收入流动效应差异，并分析了农户创业提升农村收入流动程度却未能改善农村家庭收入流动质量的现实原因，得出的主要结论如下。

第一，从社会福利角度的分析表明，农村家庭的总体收入流动呈降低之势，低收入阶层和高收入阶层的收入流动性明显低于中等收入阶层；创业家庭和非创业家庭呈现不同的收入流动特征，创业家庭的收入流动程度高于非创业家庭，创业家庭在农村家庭中占比越高，越有利于提升农村内部经济活力和整体收入流动程度，增加经济机会均等。但是，创业活动总体上失败率高、持续性差，创业家庭的收入流动质量整体上低于非创业家庭，创业家庭收入向上流动的比例低于向下流动的比例，同时低于非创业家庭收入向上流动的比例。创业活动在提升低收入阶层家庭收入方面并未发挥明显的优势作用，同时，也未对农村内部收入分配的长期改善产生正向效应。

181

第二，经济福利角度的分析表明，首先，从绝对收入流动上看，实证结果显示不管是短期内还是长期内，创业家庭相对于非创业家庭具有更低的收入增长率，创业活动并未给创业家庭带来明显的收入增长溢价；分层视角下的异质性分析显示低收入阶层与高收入阶层相比，在短期内实现了更低的收入增长率，长期内也无收入增长优势，创业活动没有改善低收入群体的收入流动质量，并不是低收入家庭跻身高收入阶层的有效通道。其次，从相对收入流动上看，实证结果显示短期内创业家庭并未实现收入向上流动，以低收入阶层向下流动和高收入阶层不流动为主要流动特征。随着时间推移，相对更低收入增长率的不断累积，使得创业家庭收入向下流动的趋势显现，且低收入阶层呈向下流动的趋势更明显。最后，农户创业活动转变类型的异质性分析表明，与从未创业的农村家庭相比，保持创业家庭在短期收入增长和短期收入向上流动效应上均未显示溢价优势。在长期观察中，虽然保持创业家庭展现了创业持续带来的收入流动溢价，但是样本占比过低难以带动创业群体在整体上显示收入向上流动的相对优势。在控制个体特征、家庭特征和外部环境特征的前提下，从以家庭收入流动表示的劳动力资源配置结果来看，选择以创业为主的资源配置方式相对于以打工就业为主的资源配置方式并未展现出明显优势。

第三，农户创业活动不存在相对于打工就业活动的收入增长溢价，且未能改善农村家庭收入流动质量的现实原因可能有三点。首先，农户创业面临政府干预导致的要素市场化程度低，以及产权不完整、不稳定带来的资产难以转化为资本等问题，强化了创业农户对未来的不确定性预期。限制了农户的创业积极性并提高了交易成本，降低了基于不确定性产生的创业净利润，从而拉低了创业绩效对创业家庭收入的贡献。其次，城乡劳动力市场分割下大部分农户创业的类型为被动型创业和生存型创业，对比被雇佣活动并不具备显著的创收优势，在自身资源禀赋限制下容易陷入低收入。最后，人力资本，尤其是企业家能力的有限或缺失制约了创业农户对金融资本的有效需求，缺乏打破现有经济均衡的能力和激励，在超额利润已被先进入者分享的均衡经济状态下，很难获得新的收入溢价。

第二节 研究启示

一、政策建议

本书的分析结果表明，农户创业提高了农村家庭收入流动程度，增加了农村经济活力和机会平等。因此，在政策导向上，引导和鼓励农户选择创业活动是符合农村经济发展要求和农民利益的。但是，创业并未改善农村家庭收入流动质量，对低收入群体的收入拉动作用并不明显。对部分农村家庭而言，农户以创业为主的家庭经济活动在资源配置结果上并不必然优于以打工就业为主的家庭经济活动。因此，在质量上提升创业活动比在数量上提高创业比率更有必要。相较于非市场引导型的创业帮扶和补助，创造劳动力市场化资源配置的环境和条件则更加重要。基于此，本书提出以下政策建议。

（一）减少对农户创业活动的干预，稳定创业者的预期

创业活动本质上是一种投资行为，经济主体有动力进行长期投资是创业活动持续的前提。创业活动暂时性的低经济福利效应并不会明显削弱农户保持创业的动力，在政府干预创业活动下的决策自主权受限和对未来的不稳定预期才是创业积极性受阻的主要障碍。精准扶贫战略实施期间，产业发展被视为脱贫攻坚的首要途径和根本之策。在产业扶贫政策导向下，通过就地创业带动当地农户就业成为脱贫的一种重要方式。在政策支持下，许多以合作社为依托的创业组织兴起。但当地政府为了完成扶贫目标经常直接干预组织的投资构成、经营活

动和收益分配，以政策性干预代替市场化导向，创业成果难以累积。当扶贫指标任务完成并验收后，政府政策转变直接影响创业持续性。乡村振兴战略将"产业兴旺"作为第一位要求，农业创业的活跃和持续是拉动农村产业振兴和发展的重要力量。在创业政策供给上，地方政府的角色是市场秩序的维护者而不是市场参与者，应划清政府与创业者之间的边界。政府尽量避免对创业组织投资、经营和分配等活动的直接干预，将重点放在促进劳动力、土地与资本良性互动的公共产品和基础设施供给上。首先，在助力创业者打破经营壁垒的基础上，以为创业主体提供定期和常态化的职业培训和管理经验学习为主，重点提升创业主体的人力资本水平，而不是通过与种植品种、土地规模等挂钩的直接补贴来为创业活动"输血"甚至"续命"。其次，政府避免直接参与本应由流入方和流出方按照市场价格决定的土地流转行为，不能依照政府对规模的喜好强制"流转"农民的土地。改变以生产规模、经营品种、人员结构等非市场化指标配置财政资源的政策倾向，由金融机构根据市场供求决定信贷保险资源的配置方向。最后，赋予创业主体更多决定获得优惠形式的自主权，创业主体可根据自己生产经营的产品和服务特性提出对贷款、保险和税收在还款时间方式、理赔方法以及优惠形式的个性化需求。

（二）深化农村产权制度改革，促进农村资产的资本化

产权的明晰和稳定也是农户长期投资的重要保障之一。经济学家威廉·鲍莫尔（Baumol，2010）特别指出，成功的创业必须具备清楚界定并保护产权和契约权的相关制度，政府机构应该激励以促进经济增长和市场边界扩大为目的的创业活动并确保成功企业和在位企业的成长动力。区别于前人忽视制度和体制因素对企业家精神和创业的研究，鲍莫尔重视制度设置产生的激励机制对创新创业的影响。在市场化程度愈加深入的情况下，市场竞争更加激烈，只关注和聚焦于分割

现有市场的创业活动已经无法保证自身经济利益的优化。为此，关于创新创业政策也应随着市场和经济转型而转型。产权的明晰和稳定需要进一步深化农村产权制度改革，建立标准、统一且综合的正规所有权制度，充分发挥财产权的资本创造效应。一是充分发挥农村土地三权分置的改革成果，促进土地产权流转。在农村土地确权颁证基础上，将农户拥有的土地权证纳入法定登记系统，把农民的土地财产权益纳入法律保护框架内，农户可以根据自身需求发挥土地的金融或保险功能。二是依法保护土地流转，避免短期土地流转合同带来的潜在投资风险，对已经发生的通过非正式社会契约方式进行的土地流转交易予以承认并融合到现有的法律制度中。农村土地产权制度的建立既需要打破现有的法律制度，又需要打破国家垄断土地市场的局面。正如德索托（de Soto，2000）所强调的，"如何处理好穷人和特权阶层之间的利益分配是关系改革和正规所有权制度建立的关键"，必须处理好政府、农村集体和农户各种利益主体之间的关系，实现各利益主体的共赢。

（三）发挥市场在资源配置中的决定性，形成全国统一劳动力市场

城乡劳动力市场分割状态下，大量农村劳动力难以进入城市正规部门，就业集中在采掘制造业和低端服务业为主的非正规部门，就业不稳定，社会保障水平低，大部分依然是城市边缘人口。2022 年 3 月25 日，政府发布《中共中央 国务院关于加快建设全国统一大市场的意见》，明确指出，"健全统一规范的人力资源市场体系，促进劳动力、人才跨地区顺畅流动"。但是基本公共服务均等化水平不高是阻碍城乡劳动力统一市场形成的最大制度性障碍；劳动力市场依然存在的不公平甚至歧视现象，降低了流动人口的社会融入感。分割的劳动力市场妨碍了劳动力资源的优化配置，限制了农户的职业选择决策，农户人力资源分散化现象严重。为了充分实现农户的择业自由，一是

应进一步降低城市门槛，提高农村劳动力在城市永久定居的落户意愿，以更高的城镇化水平充分发挥经济的集聚效应，带动农户非农创业效应的提升；二是应消除户籍、社会保障、人事档案等各种阻碍，促进劳动力的自由流动，通过充分的劳动力市场竞争决定均衡工资的高低，使创业相对于就业的收入溢价更加合理化；三是对国有企业和事业单位建立完善的合同制，打破体制分割，建立市场化的工资决定机制，降低年轻劳动力对"铁饭碗"的向往，引导农村年轻群体成为农村创业的主体，从群体上优化劳动力资源配置；四是加快构建和完善城乡社会保险一体化制度，提高养老保险和医疗保险的覆盖率、保障水平和待遇水平，充分发挥社会保险的经济功能，推进不同区域间公共服务的均等化。

（四）改善县域创业环境，吸引和培育高水平人力资本

人力资本的提升途径主要有正规教育和职业培训两种方式。但是对创业农户来说，这两种方式成本较高，而且效果可能在短时间内并不能显现，因此对创业绩效的提升在短时间内作用并不显著。在以生存式创业为主的创业类型下，农户对于参与正规教育和职业培训缺乏自我激励。除了正规教育和职业培训，农户的外出打工经验也是人力资本积累的一种表现，尤其是当农户从事某些特定职业时，会通过工作效果和配置效果对以后的创业活动产生正向作用。外出打工经历有利于农村劳动力向非农产业经营转移，丰富农户的非农创业活动，外出打工提升农户的信息获取和信息处理能力，这些将直接在创业决策和创业绩效提升中发挥作用。现实中非农创业活动主要集中在县域，因此优化县域营商环境可以吸引外出打工农户主动返乡，有利于高水平人力资本的培育。第一，降低企业准入门槛，并定期为农户提供创业咨询服务和职业培训活动，降低制度性交易成本、信息成本和经营成本。第二，针对返乡人员的务工经历、资源禀赋和人力资本水平进

行差异化的创业指导，引导其做出的创业决策与其拥有的资源和能力相互匹配，避免陷入高创业率、高失败率的困境，增加返乡创业的成就感，形成内在激励。第三，将创业政策和人才政策相结合，吸引高人力资本人士返乡带动创业企业的升级转化，重点关注打工时间长、经验丰富的返乡农民工，培育企业家精神带动低质量创业向高质量创业迈进。

二、不足与展望

（一）研究不足

第一，收入流动反映了家庭的动态收入变化，但现实中观察到的收入变化，尤其是短期的收入变化，有很大一部分可能只是暂时性的，这通常会高估收入流动（Krebs et al.，2019）。受数据可得性的限制，本书研究收入流动特征时使用的数据期限最长只有 7 年左右，已有的收入流动特征研究期限大部分持续在 10 年以上。期限越长越能分离暂时性收入和持续性收入，反映持续性收入的变化特征。

第二，中国家庭追踪调查数据库是一项综合性调查，有关家庭创业的相关数据并不全面。这限制了更加深入的实证分析。尤其是第六章对农村创业活动存在的现实问题只做了理论分析和现实影响机制的描述，缺乏机制上的实证检验，需要在后续的研究工作中进行弥补。

（二）研究展望

第一，中国家庭追踪调查数据的追踪调查每两年进行一次，后续 2020 年的数据也逐渐在公开过程中，随着调查年限的逐渐延长，可用于分析农村家庭收入流动特征的数据周期也越来越长，未来可在更长的研究期间内分析农村家庭收入流动的特征。

第二，创业活动除了对家庭客观收入产生影响，同时也会通过影响家庭客观收入而影响个人对自己或家庭的收入水平与社会地位主观评价，收入水平或社会地位的主观评价和客观收入高低是高度相关的。从职业选择的视角，不仅预期收入的获得会影响家庭创业活动，同时一些非经济利益，如自由支配时间、自己当老板以及家人在一起所获得的主观感受也可能会影响家庭经济活动的选择。未来可研究受访者对自身或家庭收入水平或社会地位的主观评价如何受到创业选择行为的影响。

参考文献

［1］蔡栋梁，邱黎源，孟晓雨，马双．流动性约束、社会资本与家庭创业选择——基于 CHFS 数据的实证研究［J］．管理世界，2018，34（9）：79 – 94．

［2］蔡栋梁，邱黎源，孟晓雨，马双．流动性约束、社会资本与家庭创业选择——基于 CHFS 数据的实证研究［J］．管理世界，2018，34（9）：79 – 94．

［3］蔡昉，王德文，都阳．劳动力市场扭曲对区域差距的影响［J］．中国社会科学，2001（2）：4 – 14，204．

［4］曹永福，杨梦婕，宋月萍．农民工自我雇佣与收入：基于倾向得分的实证分析［J］．中国农村经济，2013，346（10）：32 – 43，54．

［5］陈强．高级计量经济学及 Stata 应用［M］．北京：高等教育出版社，2014．

［6］陈怡安，陈刚．社会保险与创业——基于中国微观调查的实证研究［J］．人口与经济，2015（6）：73 – 83．

［7］陈震红，董俊武．创业风险的来源和分类［J］．财会月刊，2003（24）：56 – 57．

［8］程锐．企业家精神与区域内收入差距：效应与影响机制分析［J］．经济管理，2019，41（6）：91 – 108．

［9］程郁，罗丹．信贷约束下农户的创业选择——基于中国农户调查的实证分析［J］．中国农村经济，2009（11）：25 – 38．

[10] 池仁勇, 梁靓. 生存型与机会型创业者的行业选择研究 [J]. 科技进步与对策, 2010, 27 (5): 149-153.

[11] 单德朋, 余港. 农户创业与贫困减缓 [J]. 财贸研究, 2020, 31 (4): 52-62.

[12] 邓大松, 杨晶, 孙飞. 收入流动、社会资本与农村居民收入不平等——来自中国家庭追踪调查 (中国家庭追踪调查数据) 的证据 [J]. 武汉大学学报 (哲学社会科学版), 2020, 73 (3): 103-114.

[13] 丁士军, 杨晶, 吴海涛. 失地农户收入流动及其影响因素分析 [J]. 中国人口科学, 2016 (2): 116-125, 128.

[14] 董翀, 冯兴元, 杨洋. 乡村振兴背景下农业保险服务供求、体制机制问题与对策 [J]. 农村金融研究, 2022 (3): 32-38.

[15] 董晓林, 孙楠, 吴文琪. 人力资本、家庭融资与农户创业决策——基于中国家庭追踪调查数据 7981 个有效样本的实证分析 [J]. 中国农村观察, 2019 (3): 109-123.

[16] 杜鑫. 当前中国农村居民收入及收入分配状况——兼论各粮食功能区域农村居民收入水平及收入差距 [J]. 中国农村经济, 2021 (7): 84-159.

[17] 范从来, 张中锦. 分项收入不平等效应与收入结构的优化 [J]. 金融研究, 2011 (1): 40-51.

[18] 范兆斌, 袁轶. 创业者信贷约束视阈下收入不平等与经济发展关系研究 [J]. 财经研究, 2013, 39 (2): 124-153.

[19] 冯涛, 罗小伟. 劳动力市场扭曲与收入差距研究——基于"身份"型社会视角 [J]. 经济管理, 2015, 37 (4): 71-83.

[20] 葛永波, 翟坤, 孟纹羽. 劳动力转移与农村家庭财富不平等: 缓解还是加剧——基于转移就业的异质性分析 [J]. 农业技术经济, 2020 (9): 32-47.

[21] 宫汝凯. 政策不确定环境下的资本结构动态决策 [J]. 南

开经济研究，2021（4）：97－119.

[22] 郭云南，王春飞. 新型农村合作医疗保险与自主创业 [J]. 经济学（季刊），2016，15（4）：1463－1482.

[23] 何广文，刘甜. 乡村振兴背景下农户创业的金融支持研究 [J]. 改革，2019（9）：73－82.

[24] 何婧，李庆海. 数字金融使用与农户创业行为 [J]. 中国农村经济，2019（1）：112－126.

[25] 侯麟科. 农村劳动力大规模转移背景下的中国农村社会分层分析 [J]. 中国农村观察，2010（1）：41－49，95.

[26] 胡枫. 为什么创业者的工作满意度更高——收入还是自主性？[J]. 世界经济文汇，2017（2）：16－28.

[27] 胡棋智，王朝明. 收入流动性与居民经济地位动态演化的实证研究 [J]. 数量经济技术经济研究，2009，26（3）：66－80.

[28] 黄建新. 社会流动与农民工创业行为研究 [M]. 北京：社会科学文献出版社，2017.

[29] 黄志岭. 农民自我雇佣行为的决策因素及其特征分析 [J]. 农业经济问题，2016，37（1）：103－109，112.

[30] 黄志岭. 自我雇佣能否提高农民收入 [J]. 农业经济问题，2017，38（11）：42－49，113.

[31] 纪雯雯，赖德胜. 人力资本配置与中国创新绩效 [J]. 经济学动态，2018（11）：19－31.

[32] 匡远凤. 人力资本、乡村要素流动与农民工回乡创业意愿——基于熊彼特创新视角的研究 [J]. 经济管理，2018，40（1）：38－55.

[33] 雷欣，陈继勇. 收入流动性与收入不平等：基于 CHNS 数据的经验研究 [J]. 世界经济，2012，35（9）：84－144.

[34] 李健，盘宇章. 要素市场扭曲和中国创新能力——基于中

国省级面板数据分析［J］.中央财经大学学报,2018(3):87-99.

［35］李军国,赵晓强.从"两权分离"到"三权分置"——改革开放以来中国土地流转政策实践与探索［J］.中国经济报告,2020(3):60-76.

［36］李培林.改革开放近40年来我国阶级阶层结构的变动、问题和对策［J］.中共中央党校学报,2017,21(6):5-16.

［37］李培林.中国农户家庭经济:资源基础配置单位［J］.中国农村经济,1994(11):28-32,50.

［38］李尚蒲,罗必良.农地调整的内在机理及其影响因素分析［J］.中国农村经济,2015(3):18-33.

［39］李树,于文超.农村金融多样性对农民创业影响的作用机制研究［J］.财经研究,2018,44(1):4-19.

［40］李长生,刘西川.土地流转的创业效应——基于内生转换Probit模型的实证分析［J］.中国农村经济,2020(5):96-112.

［41］李长生,黄季焜.信贷约束和新生代农民工创业［J］.农业技术经济,2020(1):4-16.

［42］李长生,黄季焜.异质性信贷约束对农民创业绩效的影响［J］.财贸经济,2020,41(3):146-161.

［43］李政,杨思莹.创业能否缩小收入分配差距——基于省级面板数据的分析［J］.经济社会体制比较,2017(3):21-32.

［44］刘璨,林海燕.林业重点工程对农民收入流动的影响研究［J］.中国软科学,2011(1):34-46.

［45］刘琳,赵建梅,钟海.创业视角下代际收入流动研究:阶层差异及影响因素［J］.南开经济研究,2019(5):163-179.

［46］刘世爱,张奇林.养老保险对家庭创业的影响及机制研究——基于中国家庭追踪调查(中国家庭追踪调查数据)的经验证据［J］.社会保障研究,2020(5):29-38.

［47］刘志国．劳动力市场分割与居民收入流动性［M］．南京：南京大学出版社，2019．

［48］陆铭，蒋仕卿．重构"铁三角"：中国的劳动力市场改革、收入分配和经济增长［J］．管理世界，2007（6）：14－22．

［49］陆学艺．当代中国社会阶层的分化与流动［J］．江苏社会科学，2003（4）：1－9．

［50］罗必良．导语：透视农地确权的经济效应［J］．财经问题研究，2022（8）．

［51］罗楚亮．居民收入分布的极化［J］．中国人口科学，2010（6）：49－60，111－112．

［52］罗楚亮．我国居民收入分布与财产分布的极化［J］．统计研究，2018，35（11）：82－92．

［53］罗楚亮．收入增长、劳动力外出与农村居民财产分布——基于四省农村的住户调查分析［J］．财经科学，2011（10）：82－88．

［54］罗锋，黄丽．我国农村家庭收入流动的影响因素分析：1989－2009［J］．农业技术经济，2013（8）：72－81．

［55］缪书超，钱龙，宋亮．农业补贴与农村家庭非农创业——基于中国家庭金融调查（CHFS）数据的实证分析［J］．农业技术经济，2020（7）：1－15．

［56］莫旋，周建．流动人口的创业决策与收入效应——基于自选择与异质性视角［J］．西北人口，2019，40（5）：1－11．

［57］宁光杰，段乐乐．流动人口的创业选择与收入——户籍的作用及改革启示［J］．经济学（季刊），2017，16（2）：771－792．

［58］宁光杰．自我雇佣还是成为工资获得者？——中国农村外出劳动力的就业选择和收入差异［J］．管理世界，2012（7）：54－66．

［59］牛晓健，裴翔，王全．中国城乡居民收入流动性研究——

基于一个新的方法与视角 [J]. 金融研究, 2014 (4): 174 – 191.

[60] 彭克强, 刘锡良. 农民增收、正规信贷可得性与非农创业 [J]. 管理世界, 2016 (7): 88 – 97.

[61] 彭艳玲, 孔荣. 中国农户创业选择——基于收入质量与信贷约束作用视角 [M]. 北京: 社会科学文献出版社, 2017.

[62] 权衡. 收入差距与收入流动: 国际经验比较及其启示 [J]. 社会科学, 2008 (2): 4 – 15, 188.

[63] 任常青. 产业兴旺的基础、制约与制度性供给研究 [J]. 学术界, 2018 (7): 15 – 27.

[64] 尚娟, 王璐. 基于 CHNS 数据的城乡居民收入流动性分析 [J]. 中国农村经济, 2013 (12): 4 – 14, 27.

[65] 沈栩航, 李浩南, 李后建. 创业会加剧农村内部收入不平等吗 [J]. 农业技术经济, 2020 (10): 33 – 47.

[66] 石丹淅, 赖德胜. 自我雇佣问题研究进展 [J]. 经济学动态, 2013 (10): 143 – 151.

[67] 斯晓夫, 严雨姗, 傅颖. 创业减贫前沿理论研究与未来方向 [J]. 管理世界, 2020, 36 (11): 194 – 207.

[68] 苏岚岚, 孔荣. 金融素养、创业培训与农民创业决策 [J]. 华南农业大学学报 (社会科学版), 2019, 18 (3): 53 – 66.

[69] 苏岚岚, 孔荣. 农地抵押贷款促进农户创业决策了吗?——农地抵押贷款政策预期与执行效果的偏差检验 [J]. 中国软科学, 2018 (12): 140 – 156.

[70] 孙光林, 李庆海, 杨玉梅. 金融知识对被动失地农民创业行为的影响——基于 IV-Heckman 模型的实证 [J]. 中国农村观察, 2019 (3): 124 – 144.

[71] 孙宁华, 堵溢, 洪永淼. 劳动力市场扭曲、效率差异与城乡收入差距 [J]. 管理世界, 2009 (9): 44 – 52, 187.

［72］孙文凯，路江涌，白重恩．中国农村收入流动分析［J］．经济研究，2007（8）：43－57．

［73］田卫民．中国基尼系数计算及其变动趋势分析［J］．人文杂志，2012（2）：56－61．

［74］王朝明，胡棋智．中国收入流动性实证研究——基于多种指标测度［J］．管理世界，2008（10）：30－40．

［75］王春超，冯大威．中国城镇创业行为与收入溢价［J］．经济学动态，2018（4）：28－42．

［76］王海港．中国居民家庭的收入变动及其对长期平等的影响［J］．经济研究，2005（1）：56－66．

［77］王洪亮，刘志彪，孙文华，胡棋智．中国居民获取收入的机会是否公平：基于收入流动性的微观计量［J］．世界经济，2012，35（1）：114－143．

［78］王剑程，李丁，马双．宽带建设对农户创业的影响研究——基于"宽带乡村"建设的准自然实验［J］．经济学（季刊），2020，19（1）：209－232．

［79］王杰．劳动制度变迁与个人收入流动效应——新劳动法下的山东面板数据分析［J］．数量经济技术经济研究，2009，26（6）：127－137．

［80］王开国，宗兆昌．论人力资本性质与特征的理论渊源及其发展［J］．中国社会科学，1999（6）：33－46．

［81］王小华．中国农民收入结构的演化逻辑及其增收效应测度［J］．西南大学学报（社会科学版），2019，45（5）：67－77，198－199．

［82］王晓，董长瑞．中国城镇居民的相对收入流动研究［J］．经济学动态，2013（2）：50－59．

［83］王修华，陈琳，傅扬．金融多样性、创业选择与农户贫困

脆弱性［J］. 农业技术经济，2020（9）：63 – 78.

［84］王正位，邓颖惠，廖理. 知识改变命运：金融知识与微观收入流动性［J］. 金融研究，2016（12）：111 – 127.

［85］魏后凯，黄秉信. 农村绿皮书：中国农村经济形势分析与预测（2016 – 2017）［M］. 北京：社会科学文献出版社，2017。

［86］温兴祥，程超. 教育有助于提高农村居民的创业收益吗？——基于 CHIP 农村住户调查数据的三阶段估计［J］. 中国农村经济，2017（9）：80 – 96.

［87］吴晓刚. "下海"：中国城乡劳动力市场转型中的自雇活动与社会分层（1978 – 1996）［J］. 社会学研究，2006（6）：120 – 146，245.

［88］项质略，张德元. 金融可得性与异质性农户创业［J］. 华南农业大学学报（社会科学版），2019，18（4）：80 – 90.

［89］谢秋山. 自我雇佣对农民社会流动预期的影响［J］. 华南农业大学学报（社会科学版），2019，18（3）：92 – 106.

［90］谢绚丽，沈艳，张皓星，郭峰. 数字金融能促进创业吗？——来自中国的证据［J］. 经济学（季刊），2018，17（4）：1557 – 1580.

［91］谢宇，胡婧炜，张春泥. 中国家庭追踪调查：理念与实践［J］. 社会，2014，34（2）：1 – 32.

［92］谢宇，张晓波，涂平，任强，孙妍，吕萍，丁华，胡婧炜，吴琼. 中国家庭追踪调查用户手册（第三版）［Z］. 北京：北京大学出版社，2017.

［93］邢源源，陶怡然，李广宇. 威廉·鲍莫尔对企业家精神研究的贡献［J］. 经济学动态，2017（5）：151 – 158.

［94］徐超，宫兵. 农民创业是否降低了贫困脆弱性［J］. 现代财经（天津财经大学学报），2017，37（5）：46 – 59.

［95］严斌剑，周应恒，于晓华．中国农村人均家庭收入流动性研究：1986—2010 年［J］．经济学（季刊），2014，13（3）：939 - 968.

［96］杨婵，贺小刚，李征宇．家庭结构与农民创业——基于中国千村调查的数据分析［J］．中国工业经济，2017，(12)：170 - 188.

［97］杨丹，曾巧．农户创业加剧了农户收入不平等吗——基于 RIF 回归分解的视角［J］．农业技术经济，2021（5）：18 - 34.

［98］杨穗，李实．中国城镇家庭的收入流动性［J］．中国人口科学，2016（5）：78 - 89，127 - 128.

［99］杨穗，李实．转型时期中国居民家庭收入流动性的演变［J］．世界经济，2017，40（11）：3 - 22.

［100］杨穗．中国农村家庭的收入流动与不平等［J］．中国农村经济，2016（2）：52 - 67.

［101］杨子砚，文峰．从务工到创业——农地流转与农村劳动力转移形式升级［J］．管理世界，2020，36（7）：171 - 185.

［102］姚先国，叶环宝，钱雪亚，宋文娟．公民身份与机会平等：基于"农转非"劳动者的就业机会研究［J］．社会科学战线，2016（8）：50 - 59，2.

［103］尹恒，李实，邓曲恒．中国城镇个人收入流动性研究［J］．经济研究，2006（10）：30 - 43.

［104］尹志超，刘泰星，王晓全．农村收入差距抑制了农户创业吗？——基于流动性约束与人力资本投资视角的实证分析［J］．中国农村经济，2020（5）：76 - 95.

［105］尤小文．农户：一个概念的探讨［J］．中国农村观察，1999（5）：19 - 22，53.

［106］于丽卫，孔荣．农民农业领域创业脆弱性：关键成因、生成机理与应对策略［J］．现代经济探讨，2021（2）：113 - 120.

［107］于敏. 贫困地区农村居民收入流动研究——以甘肃省贫困县为例［J］. 中国农村观察，2011（2）：43－51.

［108］于潇，PeterHo. 房产、土地与农民非农经营行为的选择——基于中国家庭动态跟踪调查数据的实证分析［J］. 上海财经大学学报，2015，17（1）.

［109］郁义鸿. 创业学［M］. 上海：复旦大学出版社，2000.

［110］袁方，史清华. 创业能减少农村返贫吗？——基于全国农村固定观察点数据的实证［J］. 农村经济，2019（10）：62－69.

［111］袁方，叶兵，史清华. 中国农民创业与农村多维减贫——基于"目标导向型"多维贫困模型的探讨［J］. 农业技术经济，2019（1）：69－85.

［112］袁方，钟腾，邱伟年，史清华. 农民家庭返乡创业退出：基于外出务工经历与决策权配置的实证研究［J］. 云南社会科学，2021（4）：101－109.

［113］张车伟. 人力资本回报率变化与收入差距："马太效应"及其政策含义［J］. 经济研究，2006（12）：59－70.

［114］张琛，彭超，孔祥智. 中国农户收入极化的趋势与分解——来自全国农村固定观察点的证据［J］. 劳动经济研究，2019，7（2）：21－41.

［115］张玉利，谢巍. 改革开放、创业与企业家精神［J］. 南开管理评论，2018，21（5）：4－9.

［116］张玉梅，陈志钢. 惠农政策对贫困地区农村居民收入流动的影响——基于贵州3个行政村农户的追踪调查分析［J］. 中国农村经济，2015（7）：70－81.

［117］张云亮，冯珺，赵奇锋，柳建坤. 风险态度对中国城乡家庭创业的影响分析——来自中国家庭金融调查3期面板数据的证据［J］. 财经研究，2020，46（3）：154－168.

［118］张子豪，谭燕芝．社会保险与收入流动性［J］．经济与管理研究，2018，39（8）：27-41.

［119］章莉．自我雇佣的收入效应、发展特征及其群体差异［J］．北京工商大学学报（社会科学版），2018，33（6）：32-42.

［120］章奇，米建伟，黄季焜．收入流动性和收入分配：来自中国农村的经验证据［J］．经济研究，2007（11）：123-138.

［121］赵颖．中国劳动者的风险偏好与职业选择［J］．经济学动态，2017（1）：62-76.

［122］郑江淮，袁国良．非均衡经济中的企业家行为——论舒尔茨的企业家理论［J］．中国人民大学学报，1998（2）：12-16.

［123］周德水，刘一伟．"枷锁"还是"激励"？社会保险与创业［J］．科学决策，2018（6）：1-20.

［124］周广肃，李力行．养老保险是否促进了农村创业［J］．世界经济，2016，39（11）：172-192.

［125］周其仁．市场里的企业——一个人力资本与非人力资本的特别合约［J］．经济研究，1996（6）：71-80.

［126］周兴，王芳．中国城乡居民的收入流动、收入差距与社会福利［J］．管理世界，2010（5）：65-74.

［127］周扬，谢宇．二元分割体制下城镇劳动力市场中的工作流动及其收入效应［J］．社会，2019，39（4）：186-209.

［128］朱红根，康兰媛．金融环境、政策支持与农民创业意愿［J］．中国农村观察，2013（5）：24-33，95-96.

［129］朱明芬．农民创业行为影响因素分析——以浙江杭州为例［J］．中国农村经济，2010（3）：25-34.

［130］朱仁宏．创业研究前沿理论探讨：理论流派与发展趋势［J］．科学学研究，2005（5）：688-696.

［131］朱诗娥，杨汝岱，吴比．中国农村家庭收入流动：1986～

2017 年［J］. 管理世界，2018，34（10）：63－72.

［132］庄晋财，尹金承，庄子悦. 改革开放以来乡村创业的演变轨迹及未来展望［J］. 农业经济问题，2019（7）：83－92.

［133］邹文，刘志铭，杨志江. 贫富差距、金融市场化与家庭创业选择——基于中国家庭追踪调查数据的实证分析［J］. 华南师范大学学报（社会科学版），2020（2）：102－113，191.

［134］［美］埃德蒙·菲尔普斯. 大繁荣：大众创新如何带来国家繁荣［M］. 北京：中信出版社，2013.

［135］［美］弗兰克·H. 奈特. 风险、不确定性和利润［M］. 北京：中国人民大学出版社，2005.

［136］［美］加里·S. 贝克尔. 人力资本［M］. 北京：北京大学出版社，1987.

［137］［美］约瑟夫·熊彼特. 经济发展理论［M］. 北京：商务印书馆，1992.

［138］［英］Atkinson, A. B.，［法］Bourguignon, F.，［法］Morrisson, C. 收入流动性的实证研究［M］. 北京：北京大学出版社，2005.

［139］Shorrocks. A. F. "The Measurement of Mobility". Econometrica，1978，46（5）：1013－1024.

［140］Abadie, A.，Drukker, D.，Herr, J. L.，& Imbens, G. W. "Implementing Matching Estimators for Average Treatment Effects in Stata". Stata Journal，2004（4）：290－311.

［141］Aghion, P.，& Bolton, P. "A Theory of Trickle－Down Growth and Development". Review of Economic Studies，1997，64（2）：151－172.

［142］Aghion, P.，Howitt, P.，& Mayer-Foulkes, D. "The Effect of Financial Development on Convergence：Theory and Evidence". Quarterly Journal of Economics, 2005, 120 (1): 173 – 222.

[143] Allub, L. , & Erosa, A. "Financial Frictions, Occupational Choice And Economic Inequality". Journal of Monetary Economics, 2019, 107: 63 – 76.

[144] Arias, O. , & Khamis, M. "Comparative Advantage, Segmentation and Informal Earnings: A Marginal Treatment Effects Approach". In IZA Discussion Paper , 2008, 3916.

[145] Aristei, D. , & Perugini, C. "The Drivers of Income Mobility in Europe". Economic Systems, 2015, 39 (2): 197 – 224.

[146] Astebro, T. , & Chen, J. "The Entrepreneurial Earnings Puzzle: Mismeasurement or Real?" Journal of Business Venturing, 2014, 29 (1): 88 – 105.

[147] Astebro, T. , Chen, J. , Thompson, P. "Stars and Misfits: Self-employment and Labor Market Frictions". Management Science, 2011, 59 (11): 1999 – 2014.

[148] Atems, B. , & Shand, G. "An Empirical Analysis of the Relationship Between Entrepreneurship and Income Inequality". Small Business Economics, 2018, 51 (4): 905 – 922.

[149] Atkinson, A. B. , Bourguignon, F. , & Morrisson, C. "Empirical Studies of Earnings Mobility". European Economic Review, 1988, 32: 619 – 632.

[150] Baetschmann, G. , Ballantyne, A. , Staub, K. E. , & Winkelmann, R. "feologit: A New Command for Fitting Fixed-effects Ordered Logit Models". Stata Journal, 2020, 20 (2): 253 – 275.

[151] Baker, T. , & Nelson, R. E. "Creating Something from Nothing: Resource Construction through Entrepreneurial Bricolage". Administrative Science Quarterly, 2005, 50 (3): 329 – 366.

［152］Banerjee, A. V. , & Newman, A. F. "Occupational Choice and The Process of Development". Journal of Political Economy, 1993, 101（2）: 274 – 298.

［153］Barro, R. , Sala-i-Martin, X. , "Economic Growth". McGraw-Hill, New York, 1995.

［154］Baumol, W. "Entrepreneurship in Economic Theory". The American Economic Review, 1968, 58（2）: 64 – 71.

［155］Baumol, W. J. The Microtheory of Innovative Entrepreneurship. （Course Book ed. ）. Princeton: Princeton University Press, 2010.

［156］Bernhardt, I. "Comparative Advantage in Self-Employment and Paid Work". The Canadian Journal of Economics, 1994, 27（2）: 273 – 289.

［157］Bianchi, M. "Credit Constraints, Entrepreneurial Talent, and Economic Development". Small Business Economics, 2010, 34（1）: 93 – 104.

［158］Blau, P. M. , &Duncan, O. D. The American Occupational Structure. FreePress, 1stedition, 1967.

［159］Cagetti, M. , & De Nardi, M. "Entrepreneurship, Frictions, and Wealth". Journal of Political Economy, 2006, 114（5）: 835 – 870.

［160］Chakravarty, S. R. "Normative Indices for Measuring Social Mobility". Economics Letters, 1984, 15: 175 – 180.

［161］Chakravarty, S. R. , Dutta, B. , & Weymark, J. A. . "Ethical Indices of Income Mobility". Social Choice and Welfare, 1985, 2（1）: 1 – 21.

［162］Champernowne, D. G. "A Model of Income Distribution". The Economic Journal, 1953, 63（250）: 318 – 351.

［163］Cobb, A. , & Lin, K. "Growing Apart: The Changing Firm-

Size Wage Premium and Its Inequality Consequences". Organization Science, 2017, 28 (3): 429 – 446.

[164] Dardanoni, V. "Measuring Social Mobility". Journal of Economic Theory, 1993, 61 (2): 372 – 394.

[165] Davis, G. F. , & Cobb, J. "Corporations and Economic Inequality Around the World: The Paradox of Hierarchy". Research in Organizational Behavior, 2010, 30: 35 – 53.

[166] Dickens, W. T. , & Lang, K. "A Test of Dual Labor Market Theory". The American Economic Review, 1985, 75 (4): 792 – 805.

[167] Duclos, J. Y. , & Taptué, A. M. "Polarization". In A. B. Atkinson & F. Bourguignon (Eds), Handbook of Income Distribution, 2A ed. , North-Holland, 2015, 301 – 358.

[168] Eberharter, V. V. "Occupational Choice and Earnings Mobility in the Work Life-Empirical Evidence from Europe and the United States". Research on Economic Inequality, 2016, 24: 331 – 359.

[169] Esteban, B. Y. J. , & Ray, D. "On the Measurement of Polarization". Econometrica, 1994, 62 (4): 819 – 851.

[170] Eswaran, M. , & Kotwal, A. "Credit and Agrarian Class Structure". The Economic Theory of Agrarian Institutions, 1991, 31 (1): 1 – 20.

[171] Ferrer-i-Carbonell, A. , & Frijters, P. "How important is Methodology for the Estimates of the Determinants of Happiness?" The Economic Journal, 1997, 114 (497): 641 – 659.

[172] Fields, G. S. , & Ok, E. A. "Measuring Movement of Incomes". Economica, 1999, 66 (264): 455 – 471.

[173] Fields, G. S. , & Ok, E. A. "The Meaning and Measurement of Income Mobility". Journal of Economic Theory, 1996, 71 (2): 349 – 377.

［174］Fields, G. S. , & Ok, E. A. "The Measurement of Income Mobility：An Introduction to the Literature". In Handbook of Income Inequality Measurement , 1999：556 – 596.

［175］Galor, Oded and J. Zeira. "Income Distribution and Macroeconomics". Review of Economic Studies, 1993, 60：35 – 52.

［176］Gindling, T. H. "Labor Market Segmentation and the Determination of Wages in the Public, Private-Formal, and Informal Sectors in San José, Costa Rica". Economic Development and Cultural Change, 1993, 39（3）：585 – 605.

［177］Gindling, T. H. , & Newhouse, D. "Self-Employment in the Developing World". World Development, 2014, 56：313 – 331.

［178］Gladwin, C. H. , Long, B. F. , Babb, E. M. , Beaulieu, L. J. , Moseley, A. , Mulkey, D. , & Zimet, D. J. "Rural Entrepreneurship：One Key to Rural Revitalization". American Journal of Agricultural Economics, 1989, 71（5）：1305 – 1314.

［179］Halvarsson, D. , Korpi, M. , & Wennberg, K. "Entrepreneurship and Income Inequality". Journal of Economic Behavior and Organization, 2018, 145：275 – 293.

［180］Hamilton, B. H. "Does Entrepreneurship Pay? An Empirical Analysis of the Returns to Self-employment". Journal of Political Economy, 2000, 108（3）：604 – 631.

［181］Hart, P. E. "The Dynamics of Earnings：1963 – 73". Economic Journal, 1976, 86：551 – 565.

［182］Hernando de Soto. The Mystery of Capital：Why Capitalism Triumphs in the West and Fails Everywhere Else. New York：Basic Books, 2000.

［183］Hyytinen, A. , Ilmakunnas, P. , & Toivanen, "The Returnto-entrepreneurship Puzzle". In HECER Discussion Paper, 2011, 322.

［184］Jäntti, M. , & Jenkins, S. P. "Income Mobility". In Handbook of Income Distribution, 2B ed. , North-Holland, 2015: 807 – 935.

［185］Jarvis, S. , & Jenkins, S. P. "How Much Income Mobility is there in Great Britain?" Economic Journal, 1998 (108): 428 – 443.

［186］Karlan, D. , Osei, R. , Osei-Akoto, I. , & Udry, C. "Agricultural Decisions After Relaxing Credit and Risk Constraints". Quarterly Journal of Economics, 2014, 129 (2): 597 – 652.

［187］Kerm, P. van. "What Lies behind Income Mobility? Reranking and Distributional Change in Belgium , Western Germany and the USA". Economica, 2004, 71 (282): 223 – 239.

［188］Khor, N. , & Pencavel, J. "Income Mobility of Individuals in China and the United States". Economics of Transition, 2006, 14 (3): 417 – 458.

［189］King, M. A. "An Index of Inequality: With Applications to Horizontal Equity and Social Mobility". Econometrica, 1983, 51 (1): 99 – 115.

［190］Korsgaard, S. , Müller, S. , & Tanvig, H. W. "Rural Entrepreneurship or Entrepreneurship in the Rural: Between Place and Space". International Journal of Entrepreneurial Behavior & Research, 2015, 21 (1): 5 – 26.

［191］Krebs, T. , Krishna, P. , & Maloney, W. F. "Income Mobility, Income Risk, and Welfare". World Bank Economic Review, 2019, 33 (2): 375 – 393.

［192］Levine, R. , & Rubinstein, Y. "Smart and illicit: Who Becomes an Entrepreneur and do They Earn More?" Quarterly Journal of Economics, 2017, 132 (2): 963 – 1018.

［193］Lillard, L. A., & Willis, R. J. "Dynamic Aspects of Earning Mobility". Econometrica, 1978, 46 (5): 985 – 1012.

［194］Lin, Z., Picot, G., &Yates, J. "The Entry and Exit Dynamics of Self-employment in Canada". Small Business Economy, 2000, 15 (2): 105 – 125.

［195］Lloyd – Ellis, H., & Bernhardt, D. "Enterprise, Inequality and Economic Development". The Review of Economic Studies, 2000, 67 (1): 147 – 168.

［196］Maasoumi, E., & Zandvakili, S. "A Class of Generalized Measures of Mobility with Application". Economics Letters, 1986 (22): 97 – 102.

［197］Markandya, A. "The Welfare Measurement of Changes in Economic Mobility". Economica, 1984, 51 (204): 457 – 471.

［198］May, J., Carter, M. & Posel, D. "The Composition and Persistence of Poverty in Rural South Africa: An Enntitlements Approach". In Land and Agriculture Policy Centre Policy Paper, 1995, No. 15, Land and Agriculture Policy Centre.

［199］Mitra, T., & Ok, E. A. "The Measurement of Income Mobility: A Partial Ordering Approach". Economic Theory, 1998, 12 (1): 77 – 102.

［200］Mookherjee, D., & Ray, D. "Persistent Inequality". The Review of Economic Studies, 2003, 70 (2): 369 – 393.

［201］Nee, V. "A Theory of Market Transition : From Redistribution to Markets in State Socialism". American Sociological Review, 1989, 54 (5): 663 – 681.

［202］Nee, V. "The Emergence of a Market Society : Changing Mechanisms of Stratification in China". American Journal of Sociology,

1996, 101 (4): 908 – 949.

[203] Paul, S. "A New Measure of Income Mobility Based on Transition Matrices and Application to the US and China". In School of Economics Working Paper, School of Economics, The University of the South Pacific, Suva, 2016, 1 (1).

[204] Piketty, T. "The Dynamics of the Wealth Distribution and the Interest Rate with Credit Rationing". Review of Economic Studies, 1997, 64 (2): 173 – 189.

[205] Praag, M. Van, Witteloostuijn, A. van, & Sluis, J. van der. "The Higher Returns to Formal Education for Entrepreneurs Versus Employees". Small Business Economics, 2013, 40 (2): 375 – 396.

[206] Prais, S. J. "Measuring Social Mobility". Journal of the Royal Statistical Society, 1955, 118 (1): 56 – 66.

[207] Quadrini, V. "Entrepreneurship in Macroeconomics". Annals of Finance, 1999 (5): 295 – 311.

[208] Quadrini, V. "The Importance of Enterpreneurship for Wealth Concentration and Mobility". Review of Income and Wealth, 1999, 45 (1): 1 – 19.

[209] Quadrini, V. Entrepreneurship, Saving, and Social Mobility. Review of Economic Dynamics, 1999, 3 (1): 1 – 40.

[210] Ray, D. "On the dynamics of inequality". Economic Theory, 2006, 29 (2): 291 – 306.

[211] Rees, H. , & Shah, A. "An Empirical Analysis of Self-Employment in the U. K. ". Journal of Applied Econometrics, 1986, 1 (1): 95 – 108.

[212] Roemer, J. E. , & Trannoy, A. "Equality of Opportunity". In Handbook of Income Distribution , 2A ed. , 2015, 217 – 300.

［213］ S. Yao. "On the Decomposition of Gini Coefficients by Population Class and Income Source: A Spreadsheet Approach and Application", Applied Economy, 1999, 31 (12): 49 – 64.

［214］ Schiller, B. R. "Relative Earnings Mobility in the United States". The American Economic Review, 1977, 67 (5): 926 – 941.

［215］ Schultz, T. W. "The Value of the Ability to Deal with Disequilibrium". Journal of Economic Literature, 1975, 13 (3): 827 – 846.

［216］ Shorrocks, A. "Income Inequality and Income Mobility". Journal of Economic Theory, 1978, 19 (2): 376 – 393.

［217］ Shorrocks, A. F. "Income Mobility and the Markov Assumption". The Economic Journal, 1976, 86 (343): 566 – 578.

［218］ Shorrocks, A. F. "The Measurement of Mobility". Econometrica, 1978, 46 (5): 1013 – 1024.

［219］ Sorgner, A. , Fritsch, M. , & Kritikos, A. "Do Entrepreneurs Really Earn Less?" Small Business Economics, 2017, 49 (2): 251 – 272.

［220］ Sutter, C. J. , Bruton, G. D. , & Chen, J. "Entrepreneurship as a Solution to Extreme Poverty: A Review and Future Research Directions". Journal of Business Venturing, 2019, 34 (1): 197 – 214.

［221］ Szelenyi, I. "Social Inequalities in State Socialist Redistributive Economies". International Journal of Comparative Sociology, 1978, 19: 63 – 87.

［222］ Timmons, J. A. , Spinelli, S. New Venture Creation: Entrepreneurship for the 21st Century, 8th ed. New York: Mc Graw-Hill, 2009.

［223］ Velez-Grajales, V. & Velez-Grajales, R. "Intergenerational Mobility and Income Effects for Entrepreneurial Activity in Mexico". In IDB Working Paper, 2012, 320.

［224］ Woolard, I. , & Klasen, S. "Determinants of Income Mobility and Household Poverty Dynamics in South Africa". Journal of Development Studies, 2007, 41 (5): 865 – 897.

［225］ Wooldridge, J. M. Econometric Analysis of Cross Section and Panel Data, 2nded. Cambridge, MA: MIT Press, 2010.

［226］ Wortman, M. S. , Jr. "Rural entrepreneurship research: An Integration Into the Entrepreneurship Field". Agribusiness, 1990 (6): 329 – 344.

［227］ Zhang, T. , Zhang, M. , & Zhang, L. "Self-employment of Chinese Rural Labor Force: Subsistence or Opportunity? —An Empirical Study Based on Nationally Representative Micro-survey Data". Journal of Asian Economics, 2021, 77 (9): 101 – 397.